논어, 맹자, 대학, 중용
사서(四書)를 통해 알아보는

군 생활의
리더십
이야기

채일주 지음

논어, 맹자, 대학, 중용
사서(四書)를 통해 알아보는

군 생활의 리더십 이야기

초판 1쇄 발행 2022년 6월 15일

지 은 이   채일주
추 천 인   김종규
발 행 인   권선복
편   집   오동희
디 자 인   박현민
전 자 책   서보미
발 행 처   도서출판 행복에너지
출판등록   제315-2013-000001호
주   소   (07679) 서울특별시 강서구 화곡로 232
전   화   010-3267-6277
팩   스   0303-0799-1560
홈페이지   www.happybook.or.kr
이 메 일   ksbdata@daum.net

값 20,000원
ISBN 979-11-92486-00-0   (03140)

Copyright ⓒ 채일주, 2022

도서출판 행복에너지는 독자 여러분의 아이디어와 원고 투고를 기다립니다. 책으로 만들기를 원하는 콘텐츠가 있으신 분은 이메일이나 홈페이지를 통해 간단한 기획서와 기획의도, 연락처 등을 보내주십시오. 행복에너지의 문은 언제나 활짝 열려 있습니다.

논어, 맹자, 대학, 중용
사서(四書)를 통해 알아보는

군생활의
리더십
이야기

고전의 지혜로 군 생활의 지혜를 찾아라!

군 생활 경험을 바탕으로

고전을 쉽게 풀어내는 독창적인 해설서

독자분들에게

　논어, 맹자, 대학, 중용. 누구나 한번은 읽어야 할 고전이라고 들었지요. 그러나 실제 읽어보는 사람들은 많지 않습니다. 한자도 어렵고요, 읽어도 이해가 쉽지 않지요. 저도 40대 중반이 되어서야 어머님의 가르침으로 논어·맹자를 읽게 되었습니다.

　혹자는 이 시대에 공자왈 맹자왈 하는 것이 고리타분하고 구시대의 유물 같다고 생각할 수 있습니다. 이해합니다. 저도 처음에는 비슷한 생각을 가지고 있었거든요.

　그러나 제가 읽어보니, 그렇게 생각할 것이 아니었습니다. 대대장을 마치고 교관을 하는 시기였는데, 대대장 시절 고민하고 노력했던 것들에 대해 제 스스로가 왜 그랬는지 해답을 찾을 수 있었습니다. 저는 그 이후로 삶을 사는 궁극적인 목적과 방향에 대해 의심을 가지지 않았습니다. 나름 명확한 신념을 가지게 된 것이지요.

　사서(四書)에 대한 저의 수준은 일천합니다. 수박 겉핥기라고 해도 아주 낮은 수준이라 할 겁니다. 사서(四書)에 있는 실제의 의미는 훨씬 더 심오하고 파괴력이 있습니다. 그러나 저의 이런 수준만으로도 인생을 올바르게 살아가기 위해 노력하는 분들에게 큰 도움이 될 겁니다. 구차한 이유를 핑계로 삼아 심오한 경지에 이르신 분들에게 송구함을 무릅쓰고 이 글을 씁니다. 불초의 부덕함에 넓은 양해를 부탁드립니다.

　한자는 음과 뜻이 아주 다양합니다. 또한, 사서에 쓰인 한자는 2,500년 전의 옛날 말이기 때문에 지금 쓰이는 한자와 다릅니다.

군 생활의 리더십 이야기

의미 전달을 위해 현재의 쓰임새와 다르게 표현한 부분이 있으니 참고하시기 바랍니다.

또한, 당시 시대적 배경과 문구의 배경을 다 알기도 어렵고, 이 글의 목적도 아니어서, 여기에서 다루는 것은 배경보다는 단지 글자와 문구를 해석하는 부분이라고 말씀을 드립니다. 그래서 잘못된 해석이 있을지 더욱 조심스러워지는 것도 사실입니다.

한편, 우리가 살면서 생기는 많은 문제들은 신의 섭리와 세상의 순리, 인간의 본성 등에 대해 그 구조와 질서를 망각했기 때문에 생겨나는 것들입니다. 자기 자신만이 잘나고, 상대방은 나보다 못하고, 잘되는 것이 자기의 덕이고, 잘 안 되는 것은 남의 탓이 되는 거지요. 사람의 존재와 세상의 질서에 대해 잘 모르니 고집과 아집이 강해지고, 잘못을 저질러도 부끄러움도 없는 겁니다. 그런 사람이 높은 자리에 올라가면 너무나도 안타까운 일들이 많이 생깁니다. 밑에 있는 많은 사람이 고통받게 되겠지요.

군과 조직의 핵심 중추이며, 한 가정의 부모, 사회의 연장자가 될 여러분!

이 글을 잘 읽어주세요. 최대한 이해하기 쉽게, 여러분에게 다가가기 쉽게 썼습니다. 이 글을 읽는 분 한 분 한 분이 아랫사람으로부터 신뢰받고 존경받는 사람이 되기를 간절히 바라는 마음입니다. 그래야 우리 군이 바로 설 수 있고, 나아가 우리나라가 바로 서지 않겠습니까? 바로 이것이 제가 드리는 간절한 부탁입니다.

봄바람이 심하게 부는 2020년 4월 어느 날 쓰다

논어, 맹자, 대학, 중용
사서에 대한 상식

사서는 약 2,500년 전에 기록된 책입니다. 참으로 옛날 일이기도 하고, 그 옛날 책이 아직도 생활에 적용된다는 것이 놀랍기도 하지요.

공자는 당대의 유명한 학자였습니다. 공자를 따르던 제자가 3,000명 정도였다고 합니다. 인터넷과 폰이 없던 시절이라 생각하면 엄청나게 많은 제자였지요. 항상 따르던 제자는 약 70여 명이었다고 하는데, 논어는 그 제자들이 논(論)하던 말을 기록한 것입니다. '스승님이 이런 말씀을 하셨었지!' 그렇게 이야기하던 것을 엮은 것이지요. 그래서 책 이름이 논어입니다. 주제는 '사람이 어떤 존재인지, 어떻게 살아야 하는지'에 대한 것이었습니다.

맹자는 공자 시대 이후 약 100여 년 지나 태어나신 분입니다. 공자에게 직접 배우지는 않았지만, 공자의 학문을 이어받았다고 하지요. 맹자는 직접 책을 썼습니다. 그래서 논어 맹자라는 이름이 되었지요. 맹자는 좀 더 구체적으로 '왕도정치 원리 – 왕 노릇을 잘하려면 어떻게 해야 하느냐?'에 대해 썼습니다. 지금으로 말하면 리더십이에요. 우리 군 생활에, 조직생활을 하는 사람들에게 그 내용이 직접적으로 적용됩니다.

대학과 중용에 대한 세부 설명은 각 장 앞에 수록된 내용을 참고하시기 바랍니다. 사서(논어, 맹자, 대학, 중용)는 그 당시의 학문체

계였고, 선비들이 공부하는 대표적인 필수 과목이었습니다. 세상의 순리가 어떤 것인지 깨닫는 수단이었던 것이지요. 여기에 삼경 – 시경, 서경, 역경 까지 해서 사서삼경(四書三經)이라고 부릅니다.

사서삼경은 각각이 다른 내용이 아니라, 그 당시 사상과 세계관에 따라 하나의 흐름으로 엮인 학문체계입니다. 그래서 논어, 맹자를 공부하면서 때로는 중용도 나오고, 대학도 나오는 것입니다.

그러한 이유로 이 책의 첫머리를 중용의 첫 문장으로 시작합니다. 인간 존재 의미와 삶의 목적, 방향 등에 대해 언급하기 위해서 그렇지요. 개관을 잡아야 하니까요.

어려울 것 같지만 너무 신경 쓰지 않아도 됩니다. 내용만 잘 이해해서 내가 스스로 바로 살기 위한 깨달음만 가지면 되는 것이지, 여러분들이 모든 것을 다 알아야 하는 것은 아닙니다. 부담 갖지 마세요.

한자, 한문의 해석은 아주 다양합니다. 어떤 것은 너무 어려워서 저도 잘 이해하지 못합니다. 이해 안 되는 것은 그냥 두셔도 됩니다. 이해되는 것만 읽으세요. 그래도 충분합니다. 여기 언급한 것은 이해가 쉬운 일부 내용만 발췌하여 재구성한 것이니 전체 사서에 대해 더 많은 연구를 하고 싶은 분은 다른 도서나 자료를 이용하실 것을 권장합니다.

여기 나온 해석이 자신 생각과 일치하지 않거나 여러 가지 책, 인터넷에 나온 것과 다를 수도 있습니다. 괜찮아요. 단편적인 것 하나가 잘못되었을지라도 전체 방향이 잘못되지 않으면 됩니다. 소소한 부분에 집착하여 전체 흐름을 놓치지 않기 바랍니다.

목차

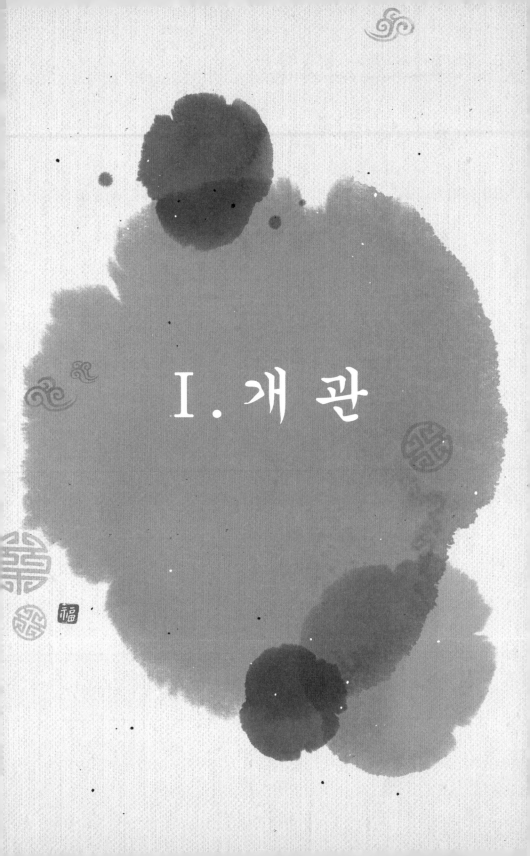

I. 개관

天 命 之 謂 性

하늘 목숨 조사 이를 성품
천 명 지 위 성
ㄴ 천명, 하늘의 명　ㄴ 을　ㄴ 일컬어　ㄴ 인간 본래성, 인간이 원래 가지고 있는 성품

率 性 之 謂 道

따를 성품 조사 이를 길
솔 성 지 위 도
ㄴ 본래성을 따르는 것　　ㄴ 일컬어　ㄴ 도, '길'보다는 개념적인 의미

修 道 之 謂 敎

닦을 길 조사 이를 가르칠
수 도 지 위 교
ㄴ 도를 닦는 것, 자기 수양　ㄴ 일컬어　ㄴ 교육이다.

천명을 일컬어 성(性, 인간본래성)이라고 한다.

인간본래성을 따르는 것이 도이다.

도를 닦는 것이 곧 교육이다.

사람은 하늘로부터 천명을 받아 태어난 고귀한 존재입니다.
하늘의 천명을 인간의 본래성으로 받았다는 것이죠.
인간본래성. 인간이 원래 가지고 있는 성품이라는 말입니다.

중용에 따르면,
도를 닦는 것은 그 본래성을 따르기 위한 것입니다. 본래성을 찾아
가고 회복한다는 것이죠.

교육은 그 도를 닦는 직접적인 행위입니다.
영어 단어, 수학 공식 외우는 그런 것 말고요,
본래성을 고민하고 노력하는 것이 교육의 본질이죠.

군 생활을 잘하고 의미 있는 인생을 살려면 자신의 신념이 명확해
야 합니다. 이런 질문에 대해 스스로 답을 찾을 수 있어야 하지요.

사람은 어떤 존재인가요?
사람이 무엇을 위해 살아야 하나요?
어떤 모습으로 살아야 하나요?

사람은 하늘의 명(본래성)을 받아 태어난 고귀한 존재입니다.
그 본래성이 어떤 모습인지 찾고, 회복하기 위해 노력해야지요.
그러기 위해서 끊임없이 공부하고 노력해야 하는 겁니다.

이것을 망각하기 때문에 많은 문제가 발생하고,
이것을 깨닫게 되면 헷갈리지 않고 세상을 살아갈 수 있습니다.

樊 遲 問 仁 한대　　子 曰　　愛 人 이니라
울타리 늦을 물을 어질　　아들 말할　　사랑 사람
번　 지　 문　 인　　　자　 왈　　　애　 인
ㄴ 번지(사람이름)가 인에 대해 물었다.　ㄴ 공자가 말하기를　ㄴ 사람을 사랑하는 것이다

問 智 한대　　子 曰　　知 人 이니라
들을 지혜　　아들 말할　　알　 사람
문　 지　　　자　 왈　　　지　 인
ㄴ 지혜에 대해서 묻자　ㄴ 공자가 말하기를　ㄴ 사람을 아는 것이다.

번지가 인에 대해서 묻자 공자가 말하기를
애인(愛人, 사람을 사랑하는 것)이다.
지혜에 대해서 묻자 공자가 말하기를
지인(知人, 사람을 알아주는 것)이다.

인(仁)은 하늘이 주신 사랑을 의미합니다.

세속적인 사랑이 아니라, 신(神)적인 사랑, 부모의 사랑, 인간 존재에 대한 근원적인 사랑을 말하는 것이지요. 사람이 하늘로부터 받은 인간본래성을 한 글자로 표현하면 바로 그것이 '인(仁)'입니다.

번지가 '인(仁)'에 대해 물었는데, 공자가 아주 간단하게 답변합니다. '사람을 사랑하는 것이지!'

다음은 지혜(智)를 물어보았습니다. 지식이 많은 것이 지혜가 아니고요, 옳고 그름을 가릴 수 있는 것이 지혜입니다.

사람을 그릇에 비유하자면, 국그릇, 밥그릇, 간장 종지같이 여러 종류와 유형으로 비유할 수 있습니다. 사람의 생긴 모습과 그 그릇의 넓이, 깊이가 다 다르고 다양하다는 것이지요.

만약 간장 종지 같은 사람이 있다고 해봅시다. 그 사람은 국그릇으로 쓰일 수 없습니다. 그렇게 생기지 않았으니까요. 또한 '너는 왜 국그릇이 못되냐?'고 묻는 것은 바람직하지 않습니다. 그렇게 생기지 않았는데 어쩌겠어요. 우리가 밥 먹을 때 국그릇만 사용하는 것은 아니지요. 여러 가지 그릇이 다 필요합니다.

사람의 그릇에 맞게 생긴대로 잘 가려서 쓰는 것이 지인(知人)입니다. 어느 누구도 소중하지 않은 그릇이 없으니까요.

惻　隱　之　心　은
슬퍼할　안타까울　조사　마음
측　은　지　심
ㄴ 측은하게 여기는 마음

仁　之　端　也　오
어질　조사　끝　조사
인　지　단　야
ㄴ 인, 사랑 ㄴ의　ㄴ 단초, 증거

羞　惡　之　心　은
부끄러울 수　미워할 오　조사　마음
수　오　지　심
ㄴ (잘못을) 부끄러워하고 미워하는 마음

義　之　端　也　오
옳을　조사　끝　조사
의　지　단　야
ㄴ 의를 가지고 있다는 ㄴ 단초, 증거

辭　讓　之　心　은
말　양보　조사　마음
사　양　지　심
ㄴ 사양(남에게 양보)하는 마음은

禮　之　端　也　오
예질　조사　끝　조사
예　지　단　야
ㄴ 예를 가지고 있다는 ㄴ 단초, 증거

是　非　之　心　은
옳을　아닐　조사　마음
시　비　지　심
ㄴ 옳고 그름을 가리는 마음

智　之　端　也　ㄴ
지혜　조사　끝　조사
지　지　단　야
ㄴ 지혜를 가지고 있다는 ㄴ 단초, 증거

측은지심은 인의 증거이고
수오지심은 의의 증거이고
사양지심은 예의 증거이고
시비지심은 지의 증거이다.

인간 본래성을 한 글자로 표현하면 인(仁)입니다.
우리 말로 하면 '사랑'이라고 했지요.

사랑에도 여러 가지가 있지만, 여기서 나타내는 것은
아가페적인 사랑, 부모의 사랑, 존재에 대한 근원적인 사랑입니다.
우리 마음에 그런 사랑이 다 있다는 거에요. 천명으로 받은거죠.
실제 현실에서는 부모님으로부터 받는 것이고요.

그 인(仁)을 바탕으로 실제 생활에서 드러나는 모습을 맹자는 인의
예지(仁義禮智)라고 이야기합니다.

그래서 불쌍한 것을 보면 측은한 마음을 가지게 되는 것이고요
잘못한 사람은 부끄러운 마음이 있는 것이죠. 아이들이 잘못하면
스스로 알고 부끄러워 숨잖아요.

그리고 남을 배려하고 양보해주는 마음이 항상 있고,
옳고 그름을 가릴 수 있는 마음이 다 있는 거지요. 우리 마음속에요.

누구나 다 그런 마음을 가지고 있지만 처음에는 미약하기 때문에
교육을 통해서 (앞에서 나온 '도'를 닦아서)
본래성을 회복하려고 우리 스스로 노력해야
인의예지(仁義禮智)를 잘 실천하며 살 수 있답니다.

孟 子 曰　　盡 其 心 者 는
맏 아들 말할　　다할 그 마음 사람
맹 자 왈　　진 기 심 자
ㄴ 맹자가 말하기를　　ㄴ 다하는 ㄴ 그 마음을 ㄴ 사람은

知 其 性 也 니　　知 其 性 則
알 그 성품 조사　　알 그 성품 곧
지 기 성 야　　지 기 성 즉
ㄴ아는 것이다 ㄴ 그 본래성을　　ㄴ 알면 ㄴ 그 본래성을

知 天 矣 니라.　　存 其 心 하여
알 하늘 조사　　있을 그 마음
지 천 의　　존 기 심
ㄴ 하늘을 안다(하늘의 뜻을 안다)　　ㄴ 간직해서 ㄴ 그 마음을

養 其 性 은　　所 以 事 天 也 요
기를 그 성품　　바 써 모실 하늘 조사
양 기 성　　소 이 사 천 야
ㄴ 기르면 ㄴ 그 본래성을　　ㄴ ～하는 바이다 ㄴ 하늘을 모시는 것

殀 壽 에　　不 貳 하여　　修 身 以
요절할 목숨　　아닐 의심할　　닦을 몸 써
요 수　　불 이　　수 신 이
ㄴ 요절하더라도　　ㄴ 의심하지 않으며　　ㄴ 수신을 해서

俟 之 는　　所 以 立 命 也 니라.
기다릴 조사　　바 써 설 목숨 조사
사 지　　소 이 입 명 야
ㄴ 기다리는 것은　　ㄴ ～하는 바이다 ㄴ 그 명을 세우는 것이다.

맹자가 말하기를, 마음을 다 하는 것은 본래성을 아는 것이다.
본래성을 알면 하늘을 알게 된다.
그 마음을 간직하여 본래성을 기름은 하늘을 섬기는 것이요,
요절할 것을 의심하지 않고 몸을 닦아 기다리는 것은
(하늘의) 명을 세우는 것이다. (좇는 것이다)

진심(盡心)은 마음을 다한다는 뜻입니다.
정성스러운 노력을 한다는 것이지요.
그 노력은 하늘이 주신 인간본래성을 회복하려는 노력입니다.

그 마음을 잘 다스려 인간본래성을 찾게 되면
하늘의 뜻을 알게 됩니다.

아하! 하늘이 나에게 이런 모습을 주셨구나?
아하! 하늘이 나에게 이렇게 살라고 하셨구나?
아하! 내가 이것을 하라고 태어났구나?

그 하늘의 명(命), 인간에게 주신 명(命)과
나에게 주신 명(命)을 깨닫게 되면
인생을 짧게 살든, 길게 살든 상관없습니다.
어떤 경우라도 나의 명(命)을 다하면 되는 것이니까요.

이런 경지에 도달하게 된다면
'인생이 허무하고 의미 없구나!' 하며
한탄으로 세월을 보내지는 않을겁니다.

어떤 상황에서라도 담담하게 살아갈 수 있겠지요.

大學대학, 經一章경일장

古 之 欲 明 明 德 於 天 下 者 는
옛 조사 하고자 밝을 밝을 덕 조사 하늘 아래 사람
고 지 욕 명 명 덕 어 천 하 자
ㄴ옛날에 ㄴ하려는 ㄴ명덕을 밝힘 ㄴ~에 ㄴ천하에 ㄴ하려는 사람은

先 治 其 國 하고 欲 治 其 國 者 는
먼저 다스릴 그 나라 하고자 다스릴 그 나라 사람
선 치 기 국 욕 치 기 국 자
ㄴ먼저 ㄴ다스림 ㄴ그 나라(지방)를 ㄴ하려는 ㄴ다스림 ㄴ그 나라(지방)를

先 齊 其 家 하고 欲 齊 其 家 者 는
먼저 가지런 그 집 하고자 가지런 그 집 사람
선 제 기 가 욕 제 기 가 자
ㄴ먼저 ㄴ가지런히 함 ㄴ그 집을 ㄴ하려는 ㄴ가지런히 함 ㄴ그 집을

先 脩 其 身 하고 欲 脩 其 身 者 는
먼저 닦을 그 몸 하고자 닦을 그 몸 사람
선 수 기 신 욕 수 기 신 자
ㄴ먼저 ㄴ닦음 ㄴ그 몸(행동)을 ㄴ하려는 ㄴ닦으려는 ㄴ그 몸(행동)을

先 正 其 心 하고 欲 正 其 心 者 는
먼저 바를 그 마음 하고자 바를 그 마음 사람
선 정 기 심 욕 정 기 심 자
ㄴ먼저 ㄴ바르게 ㄴ그 마음을 ㄴ하려는 ㄴ바르게 ㄴ그 마음을

先 誠 其 意 하고 欲 誠 其 意 者 는
먼저 정성 그 뜻 하고자 정성 그 뜻 사람
선 성 기 의 욕 성 기 의 자
ㄴ먼저 ㄴ정성스럽게 ㄴ그 뜻을 ㄴ하려는 ㄴ정성스럽게 ㄴ그 뜻을

先 致 其 知 하니 致 知 在 格 物 하나니라
먼저 이를 그 알 이를 알 있을 이를 만물
선 치 기 지 치 지 재 격 물
ㄴ먼저 ㄴ이름 ㄴ그 앎에 ㄴ이름 ㄴ앎에 ㄴ있다 ㄴ사물의 이치를 연구함에

옛날에 천하에 밝은 덕을 밝히고자 하는 사람은 먼저 그 나라를 다스리고, 그러고자 하는 사람은 먼저 그 집안을 가지런하게 하고, 그러고자 하는 사람은 그 몸과 행동을 먼저 닦고, 그러고자 하는 사람은 먼저 마음을 바르게 하고, 그러고자 하는 사람은 먼저 그 뜻을 정성스럽게 하고, 그러고자 하는 사람은 먼저 앎에 이르니, 앎이란 사물의 이치를 연구하는 것에 있다.

대학은 사서 중에 개론과 같은 역할을 합니다. 삼강령(三綱領)과 팔조목(八條目)을 제시하고 있는데요, 세 가지 강령과 여덟 가지 조목이라는 것이지요. 삼강령은 명명덕(明明德), 신민(新民), 지어지선(止於至善)이고, 팔조목은 격물, 치지, 성의, 정심, 수신, 제가, 치국, 평천하입니다. 그중에 팔조목에 대한 내용입니다.

이것을 소개하는 이유는 스스로 수양을 쌓아가는 절차를 나타내기 때문입니다. 내용이 생소하고 잘 모르겠으면 그냥 넘어가도 됩니다.

명명덕(明明德)은 하늘의 이치를 깨닫고 그것이 이루어지도록 하는 것을 의미합니다. 공부를 많이 한 군자여야, 성인의 말씀을 이해하고 그것을 바탕으로 세상을 이끌수 있지요. 그런 사람은 먼저 자기 나라를 다스리고, 그 이전에 자기 집안, 자신의 행동, 마음과 뜻을 정성스럽게 해야 한다는 것입니다.

가장 근원적으로 시작되는 것은 격물치지이지요. 사물의 이치를 연구해서 알아가는 것입니다. 무엇을 알겠어요? 세상을 만든 하늘의 이치를 깨닫는 거지요.

복잡하게 보이지만, 결국은 처음에 이야기한 대로 하늘이 나에게 주신 본래성을 찾는 과정일 뿐입니다. 그 절차가 격물, 치지, 성의, 정심, 수신, 제가, 치국, 평천하의 팔조목으로 나타나고 있는 것이지요.

개관은 이 정도로 하고, 논어 이야기부터 해보겠습니다.

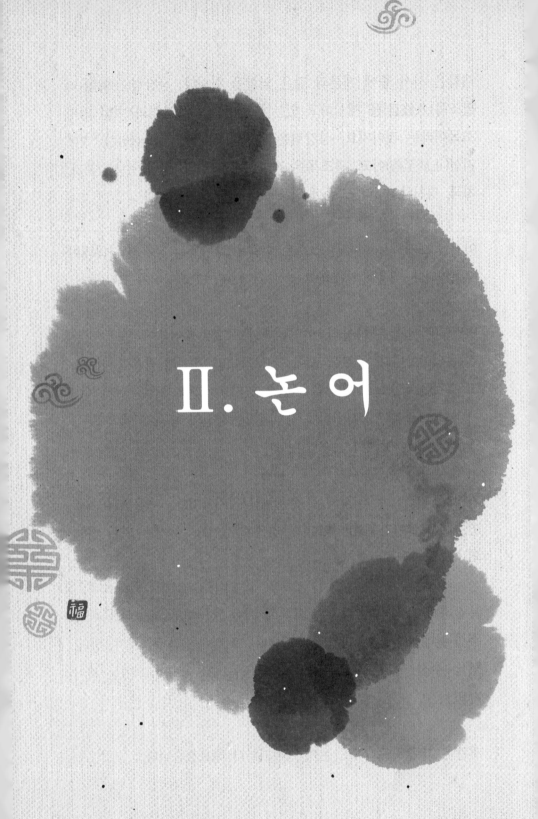

Ⅱ. 논어

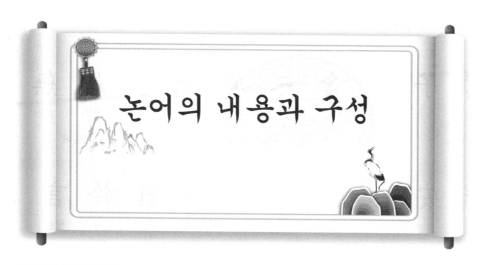

논어의 내용과 구성

논어는 공자의 제자들이 논하던 말을 엮은 것입니다.
그 주제는 '사람이 어떤 존재인가? 하늘의 뜻이 무엇이고 세상의
질서가 어떤 것인가? 어떻게 살아야 하는가?'에 대한 것이었지
요. 각 편의 이름은 앞에 시작되는 글자를 가져와 붙인 것이니 큰
의미가 있는 것은 아닙니다.

1. 學而학이	11. 先進선진
2. 爲政위정	12. 顔淵안연
3. 八佾팔일	13. 子路자로
4. 里仁이인	14. 憲問헌문
5. 公冶長공야장	15. 衛靈公위령공
6. 雍也옹야	16. 季氏계씨
7. 述而술이	17. 陽貨양화
8. 泰伯태백	18. 微子미자
9. 子罕자한	19. 子張자장
10. 鄕黨향당	20. 堯曰요왈

君 子 는   食 無 求 飽 하고   居 無

임금 아들   먹을 없을 구할 배부를   거할 없을
군 자   식 무 구 포   거 무
ㄴ 군자는   ㄴ 먹는데 배부름을 구하지 않고   ㄴ 거함에

求 安 하며   敏 於 事 而 愼 於 言 이요

구할 편할   빠를 조사 일 접속사 삼갈 조사 말씀
구 안   민 어 사 이 신 어 언
ㄴ 편안함을 구하지 않고 ㄴ 민첩 ㄴ 일(행동)에는 ㄴ 그리고 ㄴ신중하게 ㄴ 말에는

就 有 道 而 正 焉 이면   可 謂

따를 있을 길 접속사 바를 어찌   가히 이를
취 유 도 이 정 언   가 위
ㄴ 길이 있어 따름 ㄴ 그리고 ㄴ 바르고자 하면   ㄴ 가히 이르러

好 學 也 已 니라

좋을 배울 조사 이미
호 학 야 이
ㄴ 학문을 좋아한다 ㄴ 라고 할 따름이다. (이미 그런 것이다)

군자는 음식의 배부름과 거처의 편안함을 구하지 않으며
행동을 빨리하고 말을 신중하게 하는 것이요,
만약 바른 길이 있어 그것을 취하고 스스로 바르게 한다면
가히 학문을 좋아한다고 할 것이다.

군자는 하늘의 뜻을 깨달아 인의예지를 실천하는 리더입니다. 훌륭한 리더가 되기 위해서는 자신의 중심(자기 신념과 기준)이 바로서야 하지요. 여기서 군자는 배부름과 편안함을 구하지 않는다고 하네요.

물론 먹는 것과 잘 사는 것, 웰빙도 중요합니다. 저도 신경 많이 쓰지요. 그러나 여기서 이야기하는 것은 그것보다 근원적으로, 궁극적으로 인생에서 중요한 것이 뭐냐는 겁니다.

호학, 학문을 좋아한다는 것은 단편 지식의 습득을 말하는 것이 아닙니다. 하늘의 뜻을 본받아 인간 본래성을 회복하려는 노력을 말하는 거지요. 일상이 학문의 연속이거든요.

군과 조직에서 중추적인 역할을 하는 리더, 민주사회의 성숙한 시민, 훌륭한 부모가 되고자 하는 사람들은 군자의 모습을 본으로 삼아야 합니다.

위로 올라갈수록, 나이를 먹을수록 그 사람의 영향력은 대단히 커지고, 그 영향력에 따라 부대와 조직의 전투력, 가정의 평안이 좌우되니까요.

爲 政 以 德 이
할 다스릴 써 덕
위 정 이 덕
ㄴ 정치를 하는 것, 다스림   ㄴ 덕으로써

譬 如 北 辰 이
비교할 같을 북녘 별
비 여 북 신
ㄴ 비교하면 ~와 같다   ㄴ 북극성

居 其 所 어든
거할 그 바
거 기 소
ㄴ 그곳에 있거든

而 衆 星 이
접속사 무리 별
이 중 성
ㄴ 중성이, 많은 별이

共 之 니라
함께 조사
공 지
ㄴ 그것을 공유한다.

정치를 덕으로 하는 것을 비유하면, 북극성이 거기에 있고,
수많은 별들이 그 주변을 도는 것과 같다.

리더는 하늘의 북극성과 같이 기준이 되는 사람입니다.

덕으로 다스리면, 그 주변에 많은 사람들이 모이게 되지요.

그래서 그 덕을 받아서 살아갑니다.

우리가 흔히 말하는 '덕분(德分)'이지요. 덕(德)을 분(分), 나누어 주었기 때문이라는 것입니다.

리더가 덕을 바탕으로 잘 다스리면

덕이 좋은 영향력을 미치게 되고,

그 덕분에 사람들이 잘 지낼 수 있지요.

만약 그 덕이 바뀌면 어떻게 될까요? '변덕(變德)'이 되었지요?

변(變), 변했다는 겁니다. 뭐가요? 덕(德)이요. 그렇게 되면 주변을 돌던 별들은 어떻게 될까요? 혼란스러움에 갈팡질팡하고 어디로 갈지 모르겠지요. 리더는 변덕스러우면 안 됩니다.

언제 어디서나 한결같은 방향을 알려주는 그런 존재가 되어야지요.

그래야 그 덕분에 부하들이, 구성원들이, 가족들이

평안하게 안정적으로 지내는 거랍니다.

道 之 以 政 하고　　齊 之 以 刑 이면

길　　조사　　써　　다스릴　　　　다스릴　　조사　　써　　형벌
도　　지　　이　　정　　　　　　제　　지　　이　　형

ㄴ, 길, 인도함　　ㄴ, 정치 제도로써　　　ㄴ, 가지런히 함. 다스림　　ㄴ, 형벌로써

民 免 而 無 恥 니라.　　道 之 以 德 하고

백성　면할　접속사　없을　부끄러　　　길　　조사　써　　덕
민　　면　　이　　무　울치　　　도　　지　　이　　덕

ㄴ, 백성들은 면하려고만　　ㄴ,부끄러움이 없음　　ㄴ, 길, 인도함　　ㄴ, 덕으로써

齊 之 以 禮 면　　有 恥 且 格 이니

다스릴　조사　써　예절　　　　있을　부끄러　또　자격
제　　지　　이　　례　　　　유　울치　차　격

ㄴ, 가지런히 함, 다스림　　ㄴ,예로써　　ㄴ,부끄러움이 있고　　ㄴ,또한　　ㄴ,격도 갖춘다

정치 제도로 이끌고 형벌로 다스리면 백성들은 형벌을 면하려
고만 하지 부끄러움을 모른다.
덕으로 이끌고 예로 다스리면 부끄러움도 알고 격을 갖추게
되는 것이다.

법과 규정이 잘 나와 있지요? 법과 규정대로만 하면 지휘가 잘 되지 않겠습니까? 어떻게 생각하세요?

만약 잘 된다고 생각하면 법과 규정만 잘 만들어 놓고, 인공지능을 탑재한 로봇이 리더를 대체할 수 있겠군요.

그런 일은 일어나지 않았으면 좋겠네요.

법과 규정만 가지고 지휘가 되는 것이 아닙니다.

똑같은 시스템을 가지고 지휘를 하지만 어떤 조직은 살기 좋고, 어떤 조직은 그렇지 않잖아요?

잘못하는 것이 있으면 무조건 법과 규정에 의해 처벌하겠다고 엄포를 놓는 사람도 있겠지만, 안타깝게도 그런 행위가 부대와 조직과 가정을 다스리는 것에는 별로 도움이 되지 않습니다.

부대를 운영하는 것은 시스템만 가지고 되지 않습니다.

리더들은 법과 규정을 바탕으로 지휘를 하면서도, 그 외에도 구성원들에게 덕을 베풀고 예를 가르쳐야 합니다. 그러기 위해서는 스스로 공부하고 노력해야 하지요.

그것이 바로 수기안인(修己安人)의 자세입니다.

學 而 不 思 則 罔 하고

배울	접속사	아닐	생각	곧	그물
학	이	불	사	즉	망

ㄴ, 배우고 ㄴ, 그러나 ㄴ, 생각하지 않으면 ㄴ, 곧 ㄴ, 얻는 것이 없고(한자 뜻과 다르게 해석)

思 而 不 學 則 殆 니라

생각	접속사	아닐	배울	곧	위태할
사	이	불	학	즉	태

ㄴ, 생각하고 ㄴ, 그러나 ㄴ, 배우지않으면 ㄴ, 곧 ㄴ, 위태롭다

배우기만 하고 생각하지 않으면 얻는 것이 없고(罔)
생각하기만 하고 배우지 않으면 위태롭다.

우리가 살아가는 모든 것은 배움의 연속입니다.
훌륭하고 존경스러운 사람을 보면 그 사람과 같이 되려 하고, 그렇지 못한 사람을 보면 '나도 그렇지 않은가?' 반성해야 하니까요.

이렇듯 삶에서 우리가 겪는 일이 모두 배움의 연속인데, 생각을 잘해야 그것이 자기 것이 됩니다. 아무 생각도 없이 삶을 살면 얻어지는 것이 하나도 없지요.

반대로 생각만 하고 배움이 없다면 위태로와진다고 합니다.
살다보면 자기의 개똥 철학이 튼튼하게 완성되는 사람들이 있지요.
그것을 스스로만 그렇게 살면 그나마 괜찮은데, 남에게 그것을 강요한다면 참으로 안타까운 상황이 됩니다.

끊임없이 배우고 고민하세요. 둘 중 하나가 없으면 얻는 것이 없든지, 위태롭게 되든지, 둘 중 하나가 될 겁니다.

子 曰　　　由 아　誨 女 知 之 乎 인저

아들	말할		말미암	가르칠	여자	알	조사	조사
자	왈		을유	회	여	지	지	호

ㄴ (너 여 자로 쓰임)

ㄴ 공자　ㄴ 말하기를　　ㄴ 제자 이름, 유야　ㄴ 가르침　ㄴ 네게　　ㄴ 안다는 것을

知 之 謂 知 之 요　　　不 知 謂 不 矢

알	조사	이를	알	조사		아닐	알	이를	아닐	알
지	지	위	지	지		부	지	위	부	지

ㄴ ㄷ, ㅈ 앞에서는 '부'로 읽음

ㄴ 아는 것을　　ㄴ 이르고　ㄴ 안다고　　　ㄴ 모르는 것을　　ㄴ 이르고　ㄴ 모른다고

是 之 也 니라

옳을	조사	조사
시	지	야

ㄴ 이것이 바로 그것이니라.

공자가 말하기를,

유야 너에게 안다는 것을 가르쳐 주겠다.

아는 것을 안다고 하고, 모르는 것을 모른다고 하는 것이 그

것이 바로 안다고 하는 것이다.

우리가 모든 것을 알 수는 없습니다.
어디까지 알고, 어디부터 모르는지 알면, 그 사람은 무척 많이 알고 있는 것이지요. 대부분 자기가 무엇을 아는지, 무엇을 모르는지도 잘 모릅니다.

제가 소대장을 할 무렵에 사람들이 그러더군요.
'모든 것을 다 잘 알고, 법과 규정 잘 지키고, 솔선수범해야 부하들이 너를 잘 따를 것이다!' 그 이야기를 듣고
열심히 공부하고 아는 척하려 했던 기억이 납니다.
지금 생각하면, 열심히 노력해도 모르는 것은 그냥 솔직하고 쿨하게 인정하고 도움을 청하면 될 일이었는데요.

리더가 모든 것을 다 알아야 하는 것은 아닙니다.
부하가 나보다 더 잘 알 수 있고, 그 조직의 힘을 활용하면 되지요.

지휘관이, 지휘자가 가장 군 생활도 많이 했고, 가장 경험도 많고, 가장 현명한 판단을 한다고 생각합니까? 물론 그럴 수 있겠지요.
그러나 지휘관이나 지휘자가 모든 것을 다 하지는 않습니다.
그리고 앞에 이야기한 것처럼 모든 것을 다 알 수 없지요.

너무 아는 척하고 그것을 무기로 부하들을 곤혹스럽게 만들면,
리더의 그런 행동은 조직의 역량 발휘를 저해합니다.
리더가 너무 잘 아니까 시키는 것만 하기도 바쁜거지요. 눈치만 보게 되고 무엇을 이야기하기가 조심스러워집니다.

모르는 것은 모른다고 하세요. 그것이 아는 것입니다.
그리고 진심으로 부하들을 대할 때 부하들은 당신을 성심으로 도와줄 겁니다.

多 聞 闕 疑 。 愼 言 其 餘 則 寡 尤

많을	들을	빌	의심할	삼갈	말씀	그	남을	곧	적을	허물
다	문	궐	의	신	언	기	여	즉	과	우

ㄴ 많이 듣고 ㄴ 선택하지 않고 비워둠 ㄴ 삼가 말함 ㄴ 남은 것 ㄴ 곧 ㄴ 허물이 적음

多 見 闕 殆 。 愼 行 其 餘 則 寡 悔

많을	볼	빌	위태로울	삼갈	행할	그	남을	곧	적을	후회할
다	견	궐	태	신	행	기	여	즉	과	회

ㄴ 많이 보고 ㄴ 선택하지 않고 비워둠 ㄴ 삼가 행함 ㄴ 남은 것 ㄴ 곧 ㄴ 후회가 적음

言 寡 尤 하며 行 寡 悔 면

말씀	적을	허물	행할	적을	후회할
언	과	우	행	과	회

ㄴ 말에 허물이 적고 ㄴ 행동에 후회가 적으면

祿 在 其 中 矣 니라

녹봉	있을	그	가운데	조사
녹	재	기	중	의

ㄴ 녹봉, 공직, 관직 ㄴ 그 가운데 있음

많이 듣고서 의심나는 것을 제쳐두고

그 나머지를 삼가서 말하면 허물이 적을 것이다.

많은 것을 보고서 위태로운 것을 제쳐두고

그 남은 것을 삼가서 행하면 후회할 일이 적을 것이다.

말에 허물이 적고, 행실에 후회가 적으면

녹(祿, 녹봉)이 그 가운데 있는 것이다.

경솔한 언행으로 일을 그르치는 경우가 있지요?
별일 아닌데 평지풍파를 일으키는 경우가 있습니다.

여러 사람으로부터 많은 것을 듣기는 하지만,
모든 것을 선택하는 것은 아닙니다.
들은 말을 옮길 때는 다시 한번 잘 생각해야 합니다.
그래서 '아닌 것 같다' 생각되는 것은 조심해야 하지요.
내가 옮긴 말은 내 책임이 되니까요.

인터넷은 많은 정보를 줍니다.
그러나 거기에는 검증되지 않은 정보도 많이 있고요,
나에게 필요하지 않은 정보도 많이 있지요.

전투를 지휘할 때에도 지휘관은 수많은 정보를 제공받습니다.
그중에는 필요하지 않은 정보도 있고, 잘못된 정보도 있지요.
마찬가지입니다. 언제나 그렇습니다. 선택은 리더 자신의 책임입니다.

많은 것을 듣고 보되, 의심나는 것과 위태로운 것은 제외하고
언행을 신중하게 하세요. 무난하게 군 생활을 할 수 있을 겁니다.

論語논어, 爲政위정

哀	公	問	曰
슬플	공적	물을	말할
애	공	문	왈

ㄴ 애공(노나라 임금)

何	爲	則	民	服	이니
어찌	할	곧	백성	복종	
하	위	즉	민	복	

ㄴ 어떻게 하면 ㄴ 곧 ㄴ 백성이 복종합니까?

孔	子	對	曰
구멍	아들	대답	말할
공	자	대	왈

ㄴ 공자가 대답하여 말하기를

擧	直	錯	諸	枉	則
들	곧을	섞일 착	모든	굽을	곧
거	직	→둘 조	제	왕	즉

ㄴ 곧은 사람을 들어 ㄴ 굽은 사람은 내보내면

民	服	하고
백성	복종	
민	복	

ㄴ 백성이 복종하고

擧	枉	錯	諸	直	則
들	굽을	섞일 착	모든	곧을	곧
거	왕	→둘 조	제	직	즉

ㄴ 굽은 사람을 들어 ㄴ 곧은 사람을 그만두게 하면

民	不	服	이니이다
백성	아닐	복종	
민	불	복	

ㄴ 백성이 복종하지 않는다.

애공(노나라 임금)이 공자에게 물었다.
어찌하면 백성이 복종합니까?
공자가 말하기를 곧은 사람을 들어 쓰고
굽은 사람을 내보내면 백성이 복종하고
굽은 사람을 들어 쓰고 곧은 사람을 내보내면
백성이 복종하지 않는다.

리더의 주변에는 많은 사람들이 모이게 됩니다.
리더 자신의 품성도 중요하지만, 어떤 사람을 주변에 두고 그 이야
기를 듣느냐 하는 것도 중요합니다.

리더가 바른 사람의 고언은 듣기 싫어하면서
굽은 사람의 조언을 받아들여
실정(失政, 잘못 다스리는 것)을 하는 것은
그 리더의 역량이며 리더의 책임입니다.

신기한 것은 그것을 부하들은 다 안다는 것이지요.

부하들이 아랫것이고 우매하다고 생각하지 마세요.
그들은 많은 것을 알고 있고,
어느 때, 당신의 생사고락은
부하들에 의해 결정될지도 모릅니다.

부하들을 복종하게 하려면 쓴소리하는 사람이라도
곧은 사람을 들어서 잘 써야 합니다.

君 子 無 所 爭 이나　必 也 射 乎 인

| 임금 | 아들 | 없을 | 바 | 다툴 | | 반드시 | 조사 | 쏠 | 조사 |
| 군 | 자 | 무 | 소 | 쟁 | | 필 | 야 | 사 | 호 |

ㄴ 군자, 리더 　 ㄴ 없으나 　 ㄴ 경쟁하는 바 　 ㄴ 반드시 　 ㄴ 활쏘기는 경쟁한다

揖 讓 而 升 하여　下 而 飮 하나니

| 읍 | 사양 | 접속사 | 오를 | | 아래 | 접속사 | 마실 |
| 읍 | 양 | 이 | 승 | | 하 | 이 | 음 |

ㄴ 읍, 인사, 양보하며 　 ㄴ (사격장소에) 올라 　 ㄴ 내려와서 　 ㄴ (술을) 마시니

其 爭 也 君 子 니라

| 그 | 다툴 | 조사 | 임금 | 아들 |
| 기 | 쟁 | 야 | 군 | 자 |

ㄴ 그 경쟁이야 말로 　 ㄴ 군자이다(군자의 경쟁이다)

군자는 경쟁하는 것이 없으나

반드시 활쏘기에서는 경쟁을 한다.

오르기 전에 상대방에게 읍(揖)을 하고(예를 표하고)

사양하며 올랐다가 내려와서 술을 마시니

이것이 군자의 경쟁이다.

사소한 것 가지고 경쟁하지 마세요.

내가 그 사람보다 더 좋은 차를 가지고 있습니까?
명품을 더 많이 가지고 있습니까?
내가 그 사람보다 업무를 잘하고 상을 많이 받았습니까?

그래서 그 사람보다 우월하다고 느끼면 기분이 좋은가요?

남을 항상 이기려고 하는 사람들이 있습니다.
그래야 내가 좀 더 우월한 위치에 있는 것 같으니까요.

아무것이나 경쟁하지 마세요.
정말 경쟁할 가치와 의미가 있는 것을 경쟁하고,
예를 갖춰 쿨하게 경쟁하세요.

그것이 군자의 경쟁입니다.

子曰　惟仁者_아

아들　말할　　오직　어질　사람
자　왈　　　유　인　자
ㄴ, 공자가 말하기를　　ㄴ, 오로지　ㄴ, 인한 사람이어야

能好人_{하며}　能惡人_{이니라}

능할　좋을　사람　　능할　미워할　사람
능　호　인　　　능　오　인
ㄴ, 능히 사람을 좋아하고　　ㄴ, 능히 미워할 수 있다.

苟志於仁矣_면　無惡也_{니라}

진실로　뜻　조사　어질　조사　　없을　악할　조사
구　지　어　인　의　　무　악　야
　　　　　　　　　　　　　　ㄴ, 같은 글자가 다르게 쓰임
　　　　　　　　　　　　　　(미워할 오, 악할 악)
ㄴ, 진실로 뜻을　　ㄴ, 인에 두고 있다면　　ㄴ, 악함이 없기 때문이다.

오직 인자(仁者)여야

사람을 제대로 좋아하고 미워할 수 있다.

진실로 뜻을 인(仁)에 둔다면 악함이 없기 때문이다.

초급 간부 시절에, 유난히 까불고 장난을 많이 치는 부하가 있었습니다. 깐족대기도 많이 하고요.
그 당시에는 그 사람을 참 안 좋게 생각했습니다.

오랜 시간이 흘러 다시 생각해보면,
'그때 내가 잘못했구나'하는 것을 깨닫습니다.

다들 소중한 사람들이고, 좀 더 재미있게 해보자고, 좀 더 관심을 받고 싶어 했던 그 사람의 마음을 이해했어야 했는데요.

그 이후로 저는 알량한 제 기준으로
사람을 함부로 평가해서는 안 된다고 생각하게 되었습니다.
말처럼 쉽지는 않지만요. 오히려 못 지킬 때가 더 많습니다.

그렇지만 공자가 여기서는 이렇게 말씀하시네요.
자기 기준으로 어떤 사람을 평가하는 것은 좋지 않은 것 같습니다.

내 기준에 따라 미워하거나 좋아하지 말고,
다 존중해 주어야겠습니다. 모두 귀한 사람들이니까요.

不 患 無 位 요   患 所 以 立 하며

아닐   걱정   없을   자리   걱정   바   써   설
불   환   무   위   환   소   이   립
ㄴ 걱정하지 마라   ㄴ 자리가 없음을   ㄴ 걱정해라   ㄴ 제대로 서야 하는 바를

不 患 莫 己 知 요

아닐   걱정   없을   자기   알
불   환   막   기   지
ㄴ 걱정하지 마라   ㄴ 자기를 알아주지 않음을

求 爲 可 知 也 니라

구할   할   옳을   알   조사
구   위   가   지   야
ㄴ 구해라   ㄴ 가히 알려질 수 있기를

지위가 없음을 걱정하지 말고 스스로 바로 설 것을 걱정하라.
나를 알아주지 않을 것을 걱정하지 말고 내가 알려질 사람이
되도록 하라. (자기 수양을 쌓아라)

혹시 진급이 전부라고 생각하고 군 생활을 하고 있나요?
어떤 계급에 오르지 못할 것을 걱정하지 말고, 그 계급에 올랐을 때, '내가 발휘할 능력이 없지 않을까?'를 걱정하세요.

자기가 중심을 잡고 바로 서기 위해서는 공부와 많은 노력이 필요하지요. 그렇게 되면, 자리는 자연히 따라오게 되어 있습니다.

마찬가지로 자기가 어떤 자리에 맞는 능력을 갖추면, 자연히 그 자리에 갈 수 있게 되는 것입니다.
그렇지만 실제 현실에서는 운도 많이 작용하니까,
진급되었다고 자랑할 것도 없고, 안 되었다고 상심할 것도 없습니다.

올라간다는 것의 최고 경지는 여러분들이 한 가정의 훌륭한 부모가 된다는 것을 의미합니다.

또는 어떤 자리의 부서장을 하거나, 상점을 운영하더라도 많은 사람에게 영향을 주게 되지요.
어떻게든 다 되기는 하겠지만, '좋은 사람이 되느냐?'가 문제지요.

'그 자리에 가지 못할까?' 걱정하지 말고 그 자리에 갔을 때 자기가 발휘할 능력이 없을 것을 걱정하세요.
그러기 위해서 평소에 계속 자기 인격을 수양하고 능력을 키워야 합니다

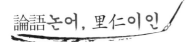

君 子 는　喻 於 義 하고

임금　아들　　깨달을　조사　옳을
군　　자　　　유　　어　　의

ㄴ, 군자, 소인과 대비되는 사람　ㄴ, 의에 깨닫고

小 人 은　喻 於 利 니라.

작을　사람　　깨달을　조사　이로울
소　　인　　　유　　어　　리

ㄴ, 소인, 깨우치지 못한 사람　ㄴ, 이익에 깨닫는다.

군자는 의에 깨닫고
소인은 이익에 깨닫는다.

리더가 자기의 이익을 보고 부대를 지휘를 해서는 안 됩니다.
인의를 실천하는 것에 그 목적을 두어야지요.

자기의 이익을 보고 부대를 지휘하면 그 조직이 각박해집니다.
그리고 부하들이 그것을 다 알아요.
그러니 군심과 민심을 결집하기 어려워지고, 결정적인 상황에서 전
투력을 발휘할 수 없게 되는 겁니다.

군인에게 궁극적인 인의(仁義)는 무엇일까요?
전장에서 살아남을 수 있는 강인한 체력과 전투기술을 갖추고,
최소의 희생으로 전투에서 승리를 안겨주는 것이겠지요.
그래서 그것을 이해하면, 아무리 힘든 훈련이라도 부하들은 기꺼
이 진심으로 훈련에 임할 겁니다.

자기의 이익에 기준을 두고 지휘를 하는 사람은 높은 자리에 올라
갈수록 그 조직을 불행하게 만듭니다.
당연히 부하들로부터 존경과 신뢰를 받지도 못하지요.

우리 군이 발전하기 위해서는 인의를 실천하는 군자 같은 사람이
많아져야 한다고 저는 생각합니다.

古 者 에　言 之 不 出 은
옛　사람　　　말씀　조사　아닐　나올
고　자　　　언　지　불　출
ㄴ, 예로부터　　ㄴ, 말이　　ㄴ, 잘 나오지 않음은(하지 않음은)

恥 躬 之 不 逮 也 니라.
부끄러　몸　조사　아닐　미칠　조사
울치　궁　지　불　체　야
ㄴ, 부끄러워 ㄴ, 자신이　ㄴ, 미치지 못함을 ㄴ, 그래서이다.

君 子 는　訥 於 言 敏 於 行 이니라
임금　아들　　말더듬　조사　말씀　민첩할　조사　행할
군　자　　　을눌　어　언　민　어　행
ㄴ, 군자는　　ㄴ, 어눌하게 ㄴ, 말에는　ㄴ, 민첩하게 ㄴ, 행동에는

예로부터 말을 잘 하지 않는 것은

자신의 행실이 그에 미치지 못함을 부끄러워하기 때문이다.

군자는 말은 어눌하게 하고

행동은 민첩하게 하려 한다.

리더들은 말을 참 조심해야 합니다.
특히 부하들 앞에서, 공식적인 자리에서 말을 할 때 조심해야 하지요.

어떻게 해야 한다는 규범적인 내용의 말을 할 때,
더더욱 그렇습니다.
혹시나 '당신은 어떻습니까?'라고 누가 물어보았을 때,
난처해질 수 있기 때문이지요.

저도 그렇습니다. 이런 말을 한다고 제가 다 잘하는 것은 아닙니다.
단지 그렇게 되기 위해 노력할 뿐이지요.
그래서 더욱 조심스럽기도 합니다.

두 번째 문구에서도 말에 대한 이야기를 하고 있습니다.
꼭 그런 것은 아니지만, 많은 경우에 말을 많이 하는 것은
좋은 경우보다는 좋지 않은 경우인 듯합니다.
나이가 들면서 말이 많아지는데, 좀 난감하네요.

여하튼 자신이 한 말에 대해
실행력을 가진 사람이 되어야겠습니다.

或曰 雍也 는 仁而不佞 이로

或	曰	雍	也	仁	而	不	佞
혹시	말할	누그러	조사	어질	접속사	아닐	아첨할
혹	왈	질옹	야	인	이	불	녕

ㄴ 혹자가 말하기를   ㄴ 사람이름   ㄴ 어질지만   ㄴ 말은 잘 못한다

子曰 焉用佞 이리오

子	曰	焉	用	佞
아들	말할	어찌	쓸	아첨할
자	왈	언	용	녕

ㄴ 공자가 말하기를   ㄴ 말을 잘하는 것을 어디에 쓰겠는가?

禦人以口給 하여 屢憎於人 하나

禦	人	以	口	給	屢	憎	於	人
막을	사람	써	입	보탤	창	미워할	조사	사람
어	인	이	구	급	루	증	어	인

ㄴ 막아서   ㄴ 다른 사람이   ㄴ 말하는 것을   ㄴ 증오만 쌓이게   ㄴ 다른 사람에게

不知其仁 이어니 焉用佞 이리오

不	知	其	仁	焉	用	佞
아닐	알	그	어질	어찌	쓸	아첨할
부	지	기	인	언	용	녕

ㄴ 알지 못한다면   ㄴ 그 인을 알지 못하면   ㄴ 말 잘 하는게 무슨 소용인가?

혹자는 옹을 이르러 인(仁)하지만 말은 잘하지 못한다고 한다.
공자가 말하기를 말을 잘해서 무슨 소용인가?
다른 사람이 말하는 것을 막아 증오만 누적시킬 뿐,
그 인(仁)을 모르면 말재주를 어디에 쓰겠는가?

말을 잘하는 것은 조직생활을 하는 데 있어서 무척 큰 강점을 가지고 있는 것입니다. 자기의 생각과 의견을 정확하게, 조리있게 표현하는 것은 매우 중요하지요.

그러나 다른 사람의 의견을 깔아뭉개거나 치밀한 논리로 다른 사람을 꼼짝 못하게 만들어버린다면 결코 그것은 좋은 것이 아닙니다. 증오만 쌓이게 할 뿐이지요.

그렇게 해서 자신의 화려한 언변술에 우쭐함을 느낀다면, 기분은 좋겠지요. 솔직히 저도 그랬습니다.
그런데 그것이 꼭 좋은 것만은 아니더라고요.
상황과 장소를 가려서 이야기해야 합니다.
정말 내 이야기를 필요로 하는 사람이어야, 들어줄 수 있는 사람이어야 이야기를 하는 거지요.

그래서 공자는 말을 못하더라도 '인의'를 지키는 것이 낫다고 이야기합니다.

남의 말을 막기나 하고 증오만 쌓이게 한다면, 말 잘하는 것이 무슨 소용이 있겠어요?

子 曰　　朽 木 은　　不 可 雕 也 요
아들 말할　　썩을 나무　　아닐 옳을 새길 조사
자 왈　　후 목　　불 가 조 야
ㄴ 공자가 말하기를　ㄴ 썩은 나무는　ㄴ 할 수 없다.　ㄴ 조각을

糞 土 之 墻 은　　不 可 圬 也 니
오물 흙 조사 담　　아닐 옳을 흙손질 조사
분 토 지 장　　불 가 오 야
ㄴ 오물이 섞인 흙담은　　ㄴ 할 수 없다. ㄴ 흙 손질을

於 予 與 에　　何 誅 리오
조사 나 더불　　어찌 꾸짖을
어 여 여　　하 주
ㄴ 여(사람 이름)에게 더불어　　ㄴ (내가) 무엇을 하겠는가? (할 바가 없다)

후목(썩은 나무)은 조각을 하는 데 쓸 수 없고
분토(거름 흙)로 만든 담장은 흙손질할 수 없다.
(맨날 낮잠만 자는) 予(여)에게 내가 무엇을 꾸짖겠는가?

군 생활한 지 10년 정도 되고, 어느 정도 나이가 되면
야단치는 것도 한계가 있습니다.
이미 다 커서 가치관도 굳어졌으니
그 사람에게 더이상 싫은 소리도 잘 하지 않지요.

이미 굽어버린 나뭇가지는 다시 펼 수 없습니다.
스스로 굽어진 나뭇가지가 되지 않게 조심해야 합니다.

굽어지지 않았을 시절에,
위관 장교 때 받은 백 번의 꾸지람은
영관 장교 때 받는 한 번의 꾸지람보다 나을 수 있습니다.
그 꾸지람도 '인의'를 바탕으로 해야겠지요.

고급 리더가 되어서 남에게, 특히 부하들에게
손가락질받는 바에 그치면
(힐난받는 정도 사람밖에 안 되면)
그것만큼 안타까운 것이 없습니다.
누가 이야기도 해주지 않아요.

말해보았자 소용이 없기 때문이죠.
굽어지지 않게 조심하세요.

始 吾 於 人 也 에
처음 나 조사 사람 조사
시 오 어 인 야
ㄴ, 처음에 나는   ㄴ, 다른사람에게(대할 때)

聽 其 言 而
들을 그 말씀 접속사
청 기 언 이
ㄴ, 그 말을 들으면

信 其 行 이러니
믿을 그 행할
신 기 행
ㄴ, 그 행동을 믿었다.

今 吾 於 人 也 에
이제 나 조사 사람 조사
금 오 어 인 야
ㄴ, 이제 나는   ㄴ, 다른사람에게(대할 때)

聽 其 言 而 觀 其 行 하노니
들을 그 말씀 접속사 볼 그 행할
청 기 언 이 관 기 행
ㄴ, 그 말을 들으면   ㄴ, 그 행동을 보게 되었으니

於 予 與 에 改 是 로라.
조사 나 더불 고칠 옳을
어 여 여 개 시
ㄴ, 여(사람이름)에게서   ㄴ, 그것을 고치게 되었다.

처음에는 내가 사람을 대할 때, 그 말을 듣고 행동을 믿었는데,
지금은 내가 사람을 대할 때, 그 말을 듣고도 행동을 본다.
나는 予(여, 사람 이름)에게서 이것을 고치게 되었다.

언행이 일치하면 말하는 대로 행동이 따라주겠지만, 그렇지 않을 때가 훨씬 더 많지요.

언행일치를 위해 노력하는 사람은 남들도 그와 같으리라 생각하는 경향이 있습니다.
처음엔 공자도 아마 그렇게 생각을 하셨던가 봅니다.

부대에서 어떤 사람이, '앞으로는 절대 그런 일 없을 겁니다. 지켜 봐주십시오.' 라고 굳은 결의를 이야기하는 때가 있습니다.
통상 무언가를 실수하거나 잘못했을 때 그러겠지요.

그러나 백 번, 천 번 다짐해도 행동으로 실천하기는 쉽지 않습니다.
말보다는 행동을 보여주세요.

수많은 말을 하는 것보다는, 적어도 6개월 이상 행동이 변화된 모습을 보여 주어야 사람들이 자신을 믿게 할 수 있을 겁니다.

子 貢 이　問 曰　孔 文 子 를

아들　바칠　　물을　말할　　구멍　글월　아들
자　공　　　문　왈　　　공　문　자
ㄴ, 자공(사람이름)이　ㄴ, 물어보았다　ㄴ, 공문자(사람이름)를

何 以 謂 之 文 也 잇고　　　　子 曰

어찌　써　이를　조사　글월　조사　　　아들　말할
하　이　위　지　문　야　　　　자　왈
ㄴ, 어찌 칭하였습니까?　ㄴ, '문'이라고　　ㄴ, 공자가 말하기를

敏 而 好 學 하며　　不 恥 下 問 이라

민첩할　접속사　좋을　배울　　아닐　부끄러　아래　물을
민　이　호　학　　　불　치　하　문
ㄴ, 학문을 좋아하고(좋아하는데 민첩하고)　ㄴ, 부끄러워하지 않아 ㄴ, 밑에 물어보는 것을

是 以 로　謂 之 文 也 니라

옳을　써　　이를　조사　글월　조사
시　이　　　위　지　문　야
ㄴ, 이런 것 때문에　ㄴ, '문'이라고 칭한 것이다.

자공이 묻되, 공문자를 어찌하여 文이라고 시호하였습니까?
공자가 말하되, 학문을 좋아하고 아랫사람에게도 묻기를 부끄러
워하지 않으니 文이라 칭한 것이다.

옛날에는 사람이 죽은 뒤에 그 사람을 평가하여 부여하는 시호라는 것이 있었답니다.
문(文)이 최고의 칭호였다고 합니다.

공문자(孔文子)를 왜 문(文)이라 칭했느냐고 묻는 상황이지요.
여러 가지 부족함이 많았나 봅니다. 좀 불만이 섞인 것 같네요.
그 질문에 공자가 답변하시네요.

아랫사람이 많이 아는데 상급자가 그것을 인정하지 않거나 그 뛰어남을 기분 나빠하는 사람들도 있습니다.

공문자는 아랫사람에게 묻는 것을 부끄러워 하지 않았고 배움에도 노력을 많이 한 것 같네요.

반면에 공문자가 부족함이 많아 다른 사람들에게 안 좋은 평가를 받는 부분도 있었던 것 같습니다.

그렇지만 배우기를 좋아하고 아랫사람에게까지 거리낌 없이 물어보는 그 자세는 우리에게 많은 교훈을 주는군요.

論語논어, 雍也옹야

犁 牛 之 子　犂 且 角 이면
얼룩소　소　조사　아들　　붉을　또　뿔
이　　우　지　자　　성　차　각
ㄴ, 얼룩소의　　　ㄴ, 새끼가　　ㄴ, 붉고 ㄴ, 또 ㄴ, 뿔이 났으면

雖 欲 勿 用 이나　山 川 이 其 舍 諸
비록　하고자　말　쓸　　　뫼　내　　그　버릴　조사
수　할욕　물　용　　　산　천　　기　사　제
ㄴ, 비록　ㄴ, (제사에는) 쓰려 하지 않을 것이나　ㄴ, 산천, 신, 조물주 의미 ㄴ, 그것을 버리겠는가?

얼룩소의 새끼가 붉고 뿔이 났으면
비록 제사용으로 쓰지 않으려 하더라도
산천이 그것을 버리겠는가?

얼룩소는 검고 하얀 색이 있는 소이지요.
그 소가 새끼를 낳았는데, 붉은 빛이 돌고 뿔이 있다면
몹시 이상한 모습이라 할 겁니다.

예로부터 제사에 사용되는 물품은 모양과 빛깔이 좋고 온전한 것
만을 사용했습니다. 그러니 이상한 모습의 송아지는 사용하려 하
지 않았겠지요.

그렇다고 해서 산천(신, 조물주)이 그것을 버리겠느냐는 말입니다.
조물주의 입장에서는 모두 다 소중한 피조물인 것이지요.

사람들도 마찬가지입니다. 송아지보다 더욱 존귀하지요.

못생기고 키가 작고 공부를 못하고 가진 것이 없으면 그 사람은 천
대받아도 되는 사람인가요?
장애를 가지고 태어났다고 그 사람은 박대받아도 되나요?
힘이 없고 못나서 왕따당하고 욕을 먹어도 되나요?

그러지 마세요. 우리 기준에는 그렇게 보일지라도 모두 다 고귀한
사람들이며, 존중받아야 마땅한 사람들입니다.

論語논어, 雍也옹야

質 勝 文 則 野 요

바탕 이길 무늬 곧 촌스러
질 승 문 즉 울 야
ㄴ 본 바탕 ㄴ 이김 ㄴ 외모 ㄴ 그러면 촌스러워진다.

文 勝 質 則 史 니

무늬 이길 바탕 곧 사치할 ← 역사 사
문 승 질 즉 사
ㄴ 외모 ㄴ 이김 ㄴ 본 바탕 ㄴ 그러면 사치해진다.

文 質 이 彬 彬 然 後 에 君 子 니라

무늬 바탕 빛날 빛날 그러할 이후 임금 아들
문 질 빈 빈 연 후 군 자
ㄴ 외모와 본 바탕이 ㄴ 빈빈, 같이 빛 남 ㄴ 그러한 후에 ㄴ 군자이니라.

본바탕이 겉모습보다 과하면 촌스러워진다.

(반대로) 겉모습이 본바탕보다 과하면 사치해진다.

본바탕과 겉모습이 같이 빛나야 군자라 할 수 있는 것이다.

어린 왕자에 소행성 B 612호에 대한 이야기가 나옵니다.
과학자가 소행성에 대한 설명을 하지만,
그가 입었던 옷 때문에 사람들은 그의 이야기를 믿지 않지요.

옷을 다시 잘 차려입은 다음에야 사람들은 그의 말을 믿습니다.

격식을 따지는 따분한 이야기 같기도 합니다.
그렇지만 2,500년 전에도 이런 이야기가 있었나 보네요.

리더들은 자신의 외모에 대해 스스로 책임을 져야 합니다.
자기의 두발, 눈빛, 청결도, 모자, 전투복, 전투화 등등

외모도 적당히 갖춰지고,
언행과 마음 씀씀이 같은 내적인 면도 잘 성숙되어야
군자라고 하지요. 여러분도 그렇게 되면 좋겠습니다.

中 人 以 上 은 可 以 語 上 也 어니

가운데 사람 써 윗 옳을 써 말씀 윗 조사
중 인 이 상 가 이 어 상 야
ㄴ 평균 수준의 사람 ㄴ 이상인 사람 ㄴ 가히 ㄴ 위를 이야기해 줄 수 있다

中 人 以 下 는

가운데 사람 써 아래
중 인 이 하
ㄴ 평균 수준의 사람 ㄴ 이하인 사람

不 可 以 語 上 也 니라

아닐 옳을 써 말씀 윗 조사
불 가 이 어 상 야
ㄴ 불가하다 ㄴ 위를 이야기해 주는 것이

중간보다 위에 있는 사람은 그 위의 것을 말해줄 수는 있지만,
중간보다 밑에 있는 사람은 그 위의 것을 말해줄 수 없다.

부대와 조직의 구성원은 참으로 다양합니다.
리더의 지시 한 마디로 다 잘 될 것 같지만, 안타깝게도 100% 모든 사람을 따르게 할 수는 없습니다.

상황에 따라 기준을 잘 정하고, 어떤 때는 상위그룹을 목표로, 어떤 때는 하위그룹을 목표로 지휘를 해야 합니다.
목표와 대상이 명확해야 하지요.

만약 상위그룹을 대상으로 하는 방안을 추진하면서 하위그룹도 다 따라오기를 바란다면 마찰이 커지겠지요.
그 반대의 경우도 문제가 생길 겁니다.

말로 할 수 있는 사람이 있고, 말로 할 수 없는 사람이 있습니다.
그렇다고 중인 이하의 사람들이 나쁜 사람이라는 것은 아닙니다.
사람들의 특성을 존중하고 역량에 맞춰서 다르게 지휘할 뿐이죠.

100% 내 마음대로 따라올 수 없는 그러한 조직의 구조와 생리를 잘 이해하고, 상황에 맞는 지휘를 해야 합니다.

子 路 曰　　子 行 三 軍 이면
아들 길 말할　아들 행할 석 군사
자 로 왈　　자 행 삼 군
ㄴ 자로(사람이름)가 말하기를　ㄴ 공자께서 ㄴ 삼군(대규모 군대)을 데리고 나가시면

則 誰 與 시리잇고　　子 曰 暴 虎 馮 河 하여
곧 누구 더불　　아들 말할 드러낼 호랑이 탈 강
즉 수 여　　자 왈 포 호 빙 하
ㄴ 누구와 가시겠습니까　ㄴ 공자가 말하길 ㄴ 호랑이를 맨손으로 때려잡고
　　　　　　　　　　　　　　　말타고 강을 건너다가

死 而 無 悔 者 를　　吾 不 與 也 니
죽을 접속사 없을 후회할 사람　나 아닐 더불 조사
사 이 무 회 자　　오 불 여 야
ㄴ 죽어도 ㄴ 후회가 없는 자를　ㄴ 나는 함께 가지 않겠다.

必 也 臨 事 而 懼 하며
반드시 조사 임할 일 접속사 두려울
필 야 임 사 이 구
ㄴ 반드시 ㄴ 일에 임해서 ㄴ 두려움으로 대하고

好 謀 而 成 者 也 니라.
좋을 꾀 접속사 이룰 사람 조사
호 모 이 성 자 야
ㄴ 생각하기를 좋아해서 ㄴ 이루어내는 사람과 같이 가겠다.

자로가 묻기를 공자께서 삼군(대규모 군대)을 데리고 출정한다면 누구를 데려가시겠습니까?

공자가 말하기를 맨손으로 호랑이를 때려잡고 맨몸으로 강을 건너다가 죽어도 후회가 없는 자를 나는 데려가지는 않겠다.

반드시 일에 두려움으로 임하고 생각하기를 좋아해서 일을 성사시키는 사람을 데려갈 것이다.

포호빙하(暴虎馮河). 한자 해석이 잘 되지 않지요.

포호는 호랑이 앞에 자신을 맨손으로 드러낸다는 의미이고, 빙하는 아무 준비 없이 말 타고 강을 건너간다는 의미입니다.

예전에는 그런 인식이 있었어요.

군인들은 단순무식해야 한다는 것이었지요. 생각이 많으면 숱하게 생사의 기로에 처하는 전장에서 전투를 잘 할 수 없다고 했었습니다. 또 공부하기 싫어서 군대 왔다는 사람도 있었고, 운동 잘하고 패기가 넘치면 군인 되라고 했었습니다.

옛날이야기입니다.

군의 리더들은 전시에 부하들의 목숨을 살리기 위해서, 우리나라 국민의 생명과 재산을 지키기 위해서 공부도 많이 하고, 고민도 많이 해야 합니다.

단순하고 직관적인 판단으로 신속하게 처리하는 일도 있고, 면밀한 검토를 거쳐 정밀하게 추진하는 일도 있지요.

전반적으로 보았을때에는 그만한 내공이 쌓여야 하고, 평소에 호모이성자(好謀而成者)가 되어야 가능한 일입니다.

그렇게 되어야 국가 안위를 책임지는 군의 역할을 다 할 수 있겠지요. 그 중추와 핵심이 군 리더입니다.

論語논어, 述而술이

無	而	爲	有 하며	虛	而	爲	盈 하며
없을	접속사	할	있을	빌	접속사	할	찰
무	이	위	유	허	이	위	영
ㄴ, 없으면서		ㄴ, 있는 척 하고		ㄴ, 비어 있으면서		ㄴ, 차 있는 척 하고	

約	而	爲	泰 면	難	乎	有	恒	矣 니라
줄일	접속사	할	클	어려울	조사	있을	항상	조사
약	이	위	태	난	호	유	항	의
ㄴ, 작으면서		ㄴ, 큰 척 하면		ㄴ, 어렵다		ㄴ, 항심이 있기		

없으면서 있는 척하고, 비어있으면서 차 있는 척하며
작으면서 큰 척하면 항심(恒心)이 있기 어렵다

※ 항심(恒心) : 이랬다저랬다 흔들리지 않고 항상 기준이 명확
한 마음

전에 신문에서 이런 내용을 본 적이 있습니다.

어떤 SNS 스타가 있었어요. 팔로워도 많고, 한 번씩 사진을 올리면 수만 개의 '좋아요'를 받았지요.

그것을 위해 더더욱 열심히 노력했습니다.

그런데 갑자기 아무런 화장도 없이 펑펑 우는 동영상을 올렸습니다.

사람들은 내가 올린 사진 속의 나의 모습을 보고 '좋아요'를 누르지만 그것은 자기의 진짜 모습이 아니라는 겁니다.

그리고 더 이상 그 노력이 행복하지 않다고 하면서 앞으로는 이것을 하지 않겠다고 선언하고 계정을 폐쇄시키더군요.

겉으로 드러나는 것만을 좇다 보면 항심이 있기 어렵습니다.

항심은 항상 기준과 중심이 서 있는 마음이지요. 많은 공부와 수양을 쌓아야 가능한 경지입니다. 열심히 공부와 수양을 해도 될까 말까 하는데, 겉으로 보이는 것에 치중하여 일희일비하고 있다면 어떻겠어요.

물론 '좋아요'는 '싫어요'보다 낫지요.

그러나 남이 '좋아요'해서 내가 사랑받는 사람이 되는 것은 아닙니다.

스스로 귀하고 자기를 사랑할 수 있는 사람이 되어야지요.

오늘은 자기 자신에게 '좋아요' 한 표를 주는 것도 좋겠네요.

스스로 귀함을 깨닫기 바랍니다.

仁 遠 乎 哉 아   我 欲 仁 이면

어질 멀 조사 조사   나 하고자 어질
인 원 호 재   아 할욕 인
ㄴ 인이 멀리 있는   ㄴ 의문형, 같으냐?   ㄴ 내가 '인'하고자 하면

斯 仁 이   至 矣 니라

이 어질   이를 조사
사 인   지 의
ㄴ 그 '인'이   ㄴ 이를 것이다.

인(仁)이 멀리 있는 것 같으냐? 내가 인(仁)하고자 하면
그 인(仁)이 당장 이를 것이다.

'인'을 실천하기 어렵다고들 합니다.
'인'을 실천한다는 것은 '사랑'을 실천하는 것이지요.

그러나 여기서는 이렇게 이야기하고 있습니다.
당장 가서 '인'을 실천하세요!

어떻게 하냐구요?
지금 바로 나가서 만나는 사람에게 반갑게 웃으며 인사를 건네세요.
저 구석에 혼자 있는 사람에게 따뜻하게 말을 걸어주세요.
나에게 꼭 필요한 것이 아니라면 다른 사람에게 양보하세요.
따뜻한 눈빛으로 상대를 보면서 이야기를 들어주세요. 공감해주세요.

'인'을 실천한다는 것은 '사랑'을 실천하는 것입니다.
'인'이 멀리 있다고 생각하지 마세요.
사람들은 '인'을 본래성으로 받아서 태어난 존재입니다.
누구나 다 '사랑'의 마음이 있다는 겁니다.

그 마음을 잘 키운다면, '인'을 베푸는 것은
결코 멀리 있는 것이 아닙니다.

子 曰　　三 軍 은　　可 奪 帥 也 어니
아들 말할　　석 군사　　옳을 빼앗을 장수 조사
자 왈　　삼 군　　가 탈 수 야
ㄴ, 공자가 말하기를　　ㄴ, 삼군, 대규모의 군대는　　ㄴ, 장수를 빼앗을 수는 있으나
　　　　　　　　　　　　　　　　　　　(사로잡거나 죽임)

匹 夫 는　　不 可 奪 志 也 니라.
필 아비　　아닐 옳을 빼앗을 뜻 조사
필 부　　불 가 탈 지 야
ㄴ, 필부, 평범한 사람　　ㄴ, 불가하다　　ㄴ, 그 뜻을 빼앗을 수 없다.

공자가 말하기를, 삼군의 장수를 빼앗을 수는 있으나
필부의 뜻을 빼앗을 수는 없다.

내가 어떤 생각을 이야기하는데, 어떤 부하는 나의 생각에 동조하지 않는답니다. 언뜻 드는 생각에, 참으로 괘씸하지요.

"내가 너의 상관이고, 너보다 나이도 많고, 경험과 지식도 훨씬 많은데, 네가 나의 생각에 동의하지 않는다는 말이냐?"
역정을 내 봅니다.

동의하지 않을 수도 있지요.
2,500년 전에도 이런 이야기를 하는 것 보세요.
요즘 애들이 그런 것이 아니라, 아주 옛날부터 그랬던 겁니다.

그것을 괘씸하게 생각하고 역정 낼 일이 아닙니다.

"아하. 네가 나의 생각에 동의하지 않는구나..." 그렇게 받아들여야 합니다. 당연히 그럴 수 있지요. 괜찮다고 해야 합니다.

삼군과 같이 거대한 조직은 움직여도, 평범한 사람, 필부의 뜻을 바꾸기는 어려울 수 있습니다.

子 曰   歲 寒 然 後 에
아들 말할   해 추울 그러할 뒤
자 왈   세 한 연   후
ㄴ, 공자가 말하기를   ㄴ, 계절이 추워진 ㄴ, 그러한 다음에

知 松 柏 之 後 凋 也 니라.
알 소나무 나무 조사 뒤 시들 조사
지 송 백 지 후 조 야
ㄴ, 안다   ㄴ, 소나무와 잣나무   ㄴ, 뒤늦게 시듦을

공자가 말하기를 해가 추워진 다음에야
소나무와 잣나무가 뒤늦게 시듦을 알 수 있다.

나무들이 다 푸르른 계절에는 푸르름이 평범하게 보입니다.
추워지기 시작하면 모두 겨울 준비를 하지요.
잎이 마르고 낙엽을 떨구며 겨울을 대비합니다.

소나무와 잣나무는 그 시기에 푸르름을 늦게까지 유지합니다.

사람들도 모든 여건이 좋은 때에는 항상 좋아 보이고, 즐겁게 잘 지내는 것처럼 보일 수 있습니다.
그러나 어려운 시기가 되면 그 어려움을 극복하는 과정에서 그 사람의 진면목이 나타나지요.

계층적 구조를 가진 조직생활을 하다 보면, 항상 샌드위치같이 내 위에 상급자, 밑에는 하급자가 있습니다.
내 상급자가 좋은 사람인 줄 알았는데, 자기 상급자에게 꾸지람을 들었다고, 나와서는 우리에게 그것을 야단치고 탓을 하더라고요.

소나무와 잣나무가 추운 계절에도 늦게까지 푸르름을 유지하는 것처럼 힘든 상황에도 '인(仁, 사랑)'을 실천할 수 있어야 그 사람이 정말 훌륭한 사람이라고 하겠습니다.

顔　淵 이　　問　仁 한대　　子　曰
얼굴　못　　　물을　어질　　　아들　말할
안　연　　　　문　인　　　　자　왈
ㄴ 안연, 공자의 제자 이름　ㄴ 인에 대해서 물었다.　ㄴ 공자가 말하기를

克　己　復　禮　爲　仁 이니　　一　日
이길　자기　돌아올　예도　할　어질　　　한　날
극　기　복　례　위　인　　　　일　일
ㄴ 자기를 이기고　ㄴ 예로 돌아가면　ㄴ 인해지니　　ㄴ 날마다

克　己　復　禮 면　　天　下　歸　仁　焉 하리
이길　자기　돌아올　예도　　　하늘　아래　돌아올　어질　조사
극　기　복　례　　　　천　하　귀　인　언
ㄴ 극기복례하면　　　ㄴ 천하가 돌아간다　ㄴ 인하게

爲　仁　由　己 니　　而　由　人　乎　哉 아
할　어질　말미암　자기　　　접속사　말미암　사람　조사　조사
위　인　을유　기　　　　이　을유　인　호　재
ㄴ 인해지는 것이　ㄴ 자기에게 말미암으니　ㄴ 다른 사람에게 말미암는 것이랴?

안연이 인(仁)에 대해 묻자 공자가 말하였다.

극기복례(나를 이기고 예로 돌아감)가 인(仁)이다.

하루하루 극기복례를 하면 천하가 인해지는 것이니,

인을 실천하는 것이 나에게서 비롯되는 것이지,

다른 사람에게서 비롯되겠는가?

기분이 나쁘면 가까이 있는 사람에게 짜증스러운 말을 막 할 때가 생깁니다. 화풀이를 하는 거지요. 물론 그 사람도 잘못한 것이 있다고 말할 겁니다.

내가 기분이 나쁘다고 소리를 지르고 욕을 해서, 나는 좀 기분이 풀렸다고 해봅시다. 그것을 당한 사람은 기분이 어떻겠어요?

하고 싶은 말을 참고 마음을 다스리는 것은 참 어려운 일입니다. 얼마나 어려우면 극기복례(克己復禮)라고 했겠어요?
그렇지만 그것을 해야, 내가 속한 부대와 주변이 인(仁)하게 되는 겁니다. 혹시 지금 당신은 주변을 둘러싼 당신의 환경이 그렇게 인(仁)한 것 같지 않나요?

그게 나 자신으로부터 비롯되는 것이지,
어느 누구로부터 비롯되는 것이겠습니까?
혹시 남이 먼저 그러기를 기다리고 있나요?

가장 먼저 극기복례를 시작해야 할 사람은
나, 당신입니다. 그래서 조직을 변화시키는 거지요.
이런 것을 하지 못하는 사람 밑에 있으면
안타깝게도 그 조직이 행복하지 않은겁니다.

齊 景 公 이　問 政 於 孔 子 한대

가지런 변 공적　　물을 다스릴 조사 구멍 아들
할제 경 공　　　문 정 어 공 자
ㄴ, 제경공, 제나라 임금　ㄴ, 다스림에 대해 물었다　ㄴ, 공자에게

孔 子　　對 曰　　君 君　　臣 臣

구멍 아들　대답할 말할　임금 임금　신하 신하
공 자　　대 왈　　군 군　　신 신
ㄴ, 공자가　ㄴ, 대답하여 말하되　ㄴ, 임금은 임금답고　ㄴ, 신하는 신하답

父 父　　子 子 니이다

아비 아비　아들 아들
부 부　　자 자
ㄴ, 아비는 아비답고　ㄴ, 아들은 아들답게 하는 것이다.

제경공이 공자에게 다스리는 것에 대해 물었다.
공자가 대답하였다. "임금은 임금답고, 신하는 신하답고 아버지
는 아버지답고, 자식은 자식답게 하는 것입니다."

"임금은 임금답고, 신하는 신하답고, 아비는 아비답고, 자식은 자식답게 하는 것입니다."

말은 쉽지만, 자신이 대대장, 중대장으로서, 소대장은 소대장답게, 부소대장은 부소대장답게, 분대장은 분대장답게 하도록 하려면 어떻게 해야 할까요? 어떻게 하면 그런 이상적인 상태를 만들 수 있을까요?

다스린다고 하는 것을 정확하게 표현하면 조직의 구성원들이 각자의 위치에서 자기의 역할을 다 하도록 만들어주는 것입니다.

그러기 위해서는 자기의 본분도 알아야겠고, 스스로 무엇을 할지 깨달아야겠고, 기분도 좋아서 일할 맛이 나야겠지요. 여건도 마련해주고요.

그것을 하는 것이 관리자, 다스리는 사람의 역할입니다.

그래서 리더가 부하들 교육도 하고, 방향을 제시하고 여러 여건을 마련하는 조치하는 것이지요. 짜증내고 소리지르며 '각자 역할을 다하라!' 하는 것은 아무 도움이 안 됩니다. 차라리 말하지 않는 것이 낫지요.

또한 상관이 단편적인 과업을 하나하나 지시하거나, 부하가 미덥지 못하다고 그 사람 역할을 대신할 수 없습니다. 할 일을 잘 알려주고, 방향을 제시해주고, 동기를 부여하고, 여건을 마련해야 하지요. 간단한 해석이지만 많은 생각을 하게 하는 문구입니다.

子 曰　　聽 訟 이　　吾 猶 人 也 나
아들　말할　　들을　송사할　　나　오히려　사람　조사
자　　왈　　　청　　송　　　오　　유　　인　　야
ㄴ 공자가 말하기를　ㄴ 송사를 듣는 것이　ㄴ 나는 다른 사람들과 같이 하겠으나

必 也 使 無 訟 乎 인저
반드시　조사　하여금　없을　송사할　조사
필　　야　　사　　무　　송　　호
ㄴ 반드시　　　ㄴ 송사가 없게 하겠다.

공자가 말하기를 송사를 들어 해결해 주는 것은

내가 남들과 같이 하겠으나

사람들로 하여금 반드시 송사함이 없도록 하겠다.

육군 전투력 발휘의 단위 요소는 각 전투원인 사람들입니다.
공군은 비행기, 해군은 함정이지요.

육군에서 전투력 발휘의 주체는 바로 병사들입니다.
아무리 중대장이 총을 잘 쏴도 중대장이 여기저기 총 쏴주며 다니지는 않잖아요. 그렇게 전투를 하지 않습니다. 역할대로 해야지요.
병사들이 전투력 발휘를 잘하려면 어려움이 없어야 합니다.
전장에서 병사들이 총을 쏘면서 전투력을 발휘하려면 간부들은 그들에게 총알을 잘 보급해주고, 밥도 먹게 해주고, 총을 쏘는 법을 알려주고, 옆 사람이 괴롭히지 못하게 해야 하지요. 아프면 치료받을 수 있게 하는 거고요.

병사들이 그러한 어려움이나 제한점이 없다면 전투력을 최대로 발휘할 준비가 된 것이라고 볼 수 있습니다. 거기에 지휘관의 동기부여와 전투지휘가 더해져서 전투력이 극대화되지요.
병사들의 어려움을 들으려 하지 않고, 제한점을 그대로 방치하면서 여건도 불비한데 전투력을 발휘하라고 하는 리더는 자질이 부족한 리더입니다.

리더들은 병사들의 어려움과 제한점을 잘 해결하도록 노력해야 합니다. 오히려 공자 말씀처럼 그런 송사가 생기지조차 않게 하는 것이, 매우 어려운 일이지만, 리더들이 노력해야 할 바입니다.

其 身 이　正 이면

<table>
<tr><td>그</td><td>몸</td><td>바를</td></tr>
<tr><td>기</td><td>신</td><td>정</td></tr>
</table>

ㄴ, 그 몸, 자신　　　　ㄴ, 바르면

不 令 而 行 하고

<table>
<tr><td>아닐</td><td>명령</td><td>접속사</td><td>행할</td></tr>
<tr><td>불</td><td>령</td><td>이</td><td>행</td></tr>
</table>

ㄴ, 영을 안 내려도　　ㄴ, 행해지고

其 身 이　不 正 이면

<table>
<tr><td>그</td><td>몸</td><td>아닐</td><td>바를</td></tr>
<tr><td>기</td><td>신</td><td>부</td><td>정</td></tr>
</table>

ㄴ, 그 몸, 자신　　　ㄴ, 바르지 않으면

雖 令 不 從 이니라

<table>
<tr><td>비록</td><td>명령</td><td>아닐</td><td>좇을</td></tr>
<tr><td>수</td><td>령</td><td>부</td><td>종</td></tr>
</table>

ㄴ, 비록 영을 내려도　ㄴ, 따르지 않는다.

자신이 바르면 명령하지 않아도 행해지고,

자신이 바르지 못하면 명령하더라도 따르지 않는다.

지시했는데 부하들이 잘 따르지 않았나요?
화를 내기 전에, 내가 바르지 못한 부분이 있었는지,
살피지 못한 부분이 있었는지 생각해야 합니다.

어떤 사람들은 계급과 직책이 높으면 내 말에 모든 부하가 다 따라야 한다고 생각하지요.
물론 그렇겠지요.

그러나 그것이 충심으로 따르는 것인지, 따르는 척만 하는 것인지는 분명히 다를겁니다.
특히나 매 순간 생사의 기로에 서는 급박한 전투상황에서는
더욱 달리 나타나겠지요.

부하들의 공감대를 형성하지 못하는 지시를 하는 사람, 스스로 그렇지 않으면서 유체이탈 화법을 사용하는 사람, 나는 높고, 너희들은 낮다는 마음을 가지고 이야기하는 사람....

부하를 존중하지 않는, 이런 사람이 높이 진출하면 그 밑에 있는 사람들이 즐겁게 군 생활을 하기 어렵습니다.

절체절명의 상황에서는 부대의 전투력도 발휘되지 않겠지요.
령(令)이 바로 서지 않을테니까요.

君 子 는　和 而 不 同 하고

임금　아들　　화합할　접속사　아닐　같을
군　　자　　　화　　이　　부　　동
ㄴ, 화합한다 ㄴ, 그러나 ㄴ, 함께하지는 않는다

小 人 은　同 而 不 和 니라

작을　사람　　같을　접속사　아닐　화합할
소　　인　　　동　　이　　불　　화
ㄴ, 같이한다 ㄴ, 그러나 ㄴ, 화합하지는 않는다

군자는 화합하되 함께 하지는 않으며
소인은 함께 하되 화합하지 않는다.

조직 생활을 하다 보면 때로는 옳지 않은 일도 보게 됩니다.
그리고 어느 때는 그런 모습에 나도 동조하지요.
사람이 항상 옳게 살 수 없으니, 있을 수 있는 일입니다.

그러나 인생 전반에 걸쳐서 떳떳하지 않은 일과 말을 계속 한다면
마음이 무척 불편할 겁니다. 누구에게 비난받거나 처벌을 받기 때
문이 아닙니다. 우리 마음속에 시시비비(是是非非), 옳고 그름을
가리는 마음이 있기 때문이지요. 스스로 불편함을 느끼는 거지요.

다들 좋지 않은 곳에 놀러 가자고 하는데, 자신이 생각하기에는 옳
지 않은 일이라 해도 그것을 면전에서 정색하고 나무라서는 안됩니
다. 친구들과의 분위기가 참으로 민망해지겠지요. 옳지 않은 일을
보더라도 앞에 사람을 놓고 그것을 정죄할 필요는 없습니다.

그것이 화(和)한다는 것이지요. 속으로는 마음에 안 들지만, 겉으
로는 적당히 맞장구쳐주는 것입니다. 실제 행동으로는 적당한 핑
계를 대고 같이 가지 않으면 됩니다. 그것이 군자의 모습이지요.

반대로 소인은 옳지 않은 일에도 같이 행동합니다. 그리고는 항상
뒷담화를 일삼으면서 평지풍파를 만들지요. 무엇을 해도 문제가
생깁니다. 그것이 불화(不和)이지요.

조직에 항상 평지풍파와 불화가 있다고 하면, 참 힘들겁니다.
군자처럼 살아야 해요. 소인처럼 살지 말고...

子 曰　　君 子 는　　易 事 而 難 說
아들 말할　　임금 아들　　쉬울 일 접속사 어려울 기쁠
자 왈　　군 자　　이 사 이 난 열
ㄴ 공자가 말하기를　ㄴ 군자는　ㄴ 모시기는 쉽다　ㄴ 기쁘게 하기는 어렵다

也 니　　說 之 不 以 道 면　　不 說 也 요
조사　　기쁠 조사 아닐 써 길　　아닐 기쁠 조사
야　　열 지 불 이 도　　불 열 야
ㄴ 기쁘더라도　ㄴ 도(道)로써 한 것이 아니면　ㄴ 기뻐하지 않는다.

及 其 使 人 也 하여는　器 之 니라.
미칠 그 하여금 사람 조사　　그릇 조사
급 기 사 인 야　　기 지
ㄴ ~에 있어서는　ㄴ 사람을 쓰는데　ㄴ 그릇에 맞춰 쓴다.

小 人 은　　難 事 而 易 說 也 니
작을 사람　　어려울 일 접속사 쉬울 기쁠 조사
소 인　　난 사 이 이 열 야
ㄴ 소인은　ㄴ 모시기는 어렵다　ㄴ 기쁘게 하기는 쉽다.

說 之 雖 不 以 道 라도　說 也 요
기쁠 조사 비록 아닐 써 길　　기쁠 조사
열 지 수 불 이 도　　열 야
ㄴ 기쁘게 해도　ㄴ 비록 도에 맞지 않는 것으로　ㄴ 기뻐한다.

及 其 使 人 也 하여는　求 備 焉 이니라
미칠 그 하여금 사람 조사　　구할 갖출 조사
급 기 사 인 야　　구 비 언
ㄴ ~에 있어서는　ㄴ 사람을 쓰는데　ㄴ 갖춰져 있기를 바란다.

공자가 말하기를 군자는 섬기기는 쉬워도 기쁘게 하기는 어려우니,
도(道)에 맞는 일이 아니면 기뻐하지 않는다.
사람을 부리는 데 있어서는 그릇에 맞춰 쓴다.
소인은 섬기기는 어렵고 기쁘게 하기는 쉽다.
소인은 도(道)에 맞지 않더라도 기뻐하기 때문이다.
사람을 부리는 데 있어서는 완벽하기를 바란다.

별일 아닌 것 가지고도 아랫사람을 괴롭히는 사람이 있습니다.
본질이 아닌 것도 까다롭게 요구하지요. 자기가 먹는 것, 입는 것,
쓰는 것, 앉는 것, 잠자리 침구류 하나까지도 어떤 것을 요구하는
사람이 있습니다. 요구만 하면 다행인데 대부분의 경우 짜증을 내
는 것도 다반사이지요.

문서를 만들어 검토할 때면 더더욱 많은 이야기를 듣습니다. 인격
비하와 자존심에 상처를 주는 말도 서슴지 않지요. 수많은 이야기
를 듣고 직직 그으면서 야단맞고 들고 나온 문서에는 알아볼 수 없
는 동그라미와 점, 선밖에 없습니다.

반면에 비위를 맞추는 말을 하는 부하는 인정받습니다. 옳지 않은
것이라도 마냥 좋아하는 것이 소인의 모습입니다. 그런 사람을 상
급자로 모시는 사람은 참 피곤하고 힘들지요. 자기가 속한 조직에
대해 분노와 반감이 생깁니다.

군자와 같은 리더는 모시기 쉽습니다. '이렇게 해도 괜찮다. 저렇게
해도 괜찮다' 하지요. 불편해도 자기가 좀 감수합니다. 수기안인
(修己安人)의 자세가 몸에 배어 있는 것이죠.

문서를 만들어 검토할 때면 먼저 검토를 마치고 수정사항을 정자
로 써서 차근차근 설명을 해줍니다. 부하의 마음이 상처받지 않게
배려하지요. 어떤 부하는 기초부터, 어떤 부하는 핵심만,
그릇에 따라 달리 설명해줍니다.
어떤 때는 자기가 직접 수정을 해주기도 하고요. 참 감사하지요.

여러분은 어떤 리더와 함께 하고 싶습니까?
여러분은 스스로 어떤 리더가 되고 싶습니까?

論語논어, 憲問헌문

憲 이　問恥 한대　　　子曰

법　　　들을 부끄러　　　아들 말할
헌　　　문 울치　　　자 왈
ㄴ 헌, 제자 이름　ㄴ 부끄러움에 대해 물었다　ㄴ 공자가 말하기를

邦 有 道 에　穀 하며　　邦 無 道 에

나라 있을 길　곡식　　　나라 없을 길
방 유 도　곡　　　방 무 도
ㄴ 나라에 도가 행해지고 있는데　ㄴ 곡식, 녹봉을 받아먹음　ㄴ 나라에 도가 행해지지 않는데

穀 이　恥 也 니라

곡식　부끄러 조사
곡　울치 야
ㄴ 녹봉을 받아먹음　ㄴ 부끄러운 것이다.

헌이 부끄러운 일에 대해 묻자 공자가 말하기를,
나라에 도가 있는데 녹만 먹는 것이 부끄러운 것이고,
나라에 도가 없는데 녹을 먹는 것이 부끄러운 것이다.

부끄러움은 사람이 가지고 태어난 본래성 중 하나입니다.
인의예지(仁義禮智) 중에서 의, 수오지심(羞惡之心)과 관련된 것이지요.
헌(憲)이라는 제자가 공자에게 그것을 묻습니다. 부끄러움이 뭐냐
고요. 공자가 현실에 빗대서 명쾌하게 이야기를 해줍니다.

나라에 도가 행해진다는 것은 임금이 덕과 예를 바탕으로 잘 다스
리고 있다는 의미입니다. 그럴 때에는 신하로서 녹봉만 받아먹고
아무 일도 하지 않는 것이 부끄러운 일이라는 것이지요. 가만히 있
지 말고 더더욱 분발하여 자기의 본분을 잘하고, 임금의 덕이 널리
퍼지도록 하라는 것입니다.

반대로, 도가 행해지지 않는다는 것은 임금이 정치를 제대로 하지
못하는 것입니다. 그런 상황에서는 신하로서 나라의 녹봉을 받아
먹는 자리에 있는 것만으로도 부끄러운 것입니다. 아무리 열심히
하려 해도 나라가 제대로 된 방향으로 나아가지 못할 것이라면요.
신하로서의 역할을 다 못하는 것이니까요. 직을 그만두거나, 죽기
를 각오하고 진언(進言)을 하라는 거지요.

현실적으로 쉽지 않은 이야기입니다.
그러나 국가 안위의 최전선에서 근무하는 군인들은 적어도, 나라
를 빼앗기는 상황이 된다면 그 치욕을 남들보다 열 배, 백 배, 천
배는 더 느낄 것입니다. 우리 선배님들이 독립군이 되셨던 그 기백
을 저도, 여러분도 가지고 있으리라 믿어 의심치 않습니다.

以 直 報 怨 이요

써 곧을 보답할 원망
이 직 보 원
ㄴ, 곧음으로써   ㄴ, 원망을 갚고

以 德 報 德 이니라

써 덕 보답할 덕
이 덕 보 덕
ㄴ, 덕으로써   ㄴ, 덕을 갚는다

올바름으로써 원망을 갚고,

덕으로써 덕을 갚는다.

나를 괴롭혔거나, 사이가 좋지 않았던 사람이 있었습니다.
속으로 벼르지요. '내가 득세를 하면 저 사람을 혼내줘야지!'

그런데 실제로 그렇게 득세를 하게 되었다고 해봅시다.
공교롭게도 그 사람을 혼내줄 수 있는 위치에 오게 되었다면요,
자기의 권력을 써서 그 사람에게 불이익을 줄 수 있겠지요.

그것은 올바른 일이 아닙니다.

사리와 이치에 맞게, 법과 규정에 맞게 곧음으로써
올바르게 처신을 할 뿐이지요.
만약 그 사람이 법이나 규정에 어긋난 일을 해서 처벌을 받게 되었
다면, 그 역시 처리 규정과 절차를 잘 준수해서 할 따름입니다. 사
사로움이 개입되어서는 안 되지요.

반면에 덕을 입은 사람에게는 덕으로써 보답해야 합니다.

그 사람에게 고마움을 표현하는 것, 때때로 문안 인사를 드리고
안부를 전하는 것, 맛있는 음식을 같이 나누는 것, 즐거운 대화를
나누는 것 등 많은 것이 모두 다 덕으로 보답하는 것이지요.

子 路 門 君 子 _{한대}　子 曰 修 己
아들 길 물을 임금 아들　　　아들 말할 닦을 몸
자 로 문 군 자　　　　　자 왈 수 기
ㄴ, 자로가 물었다　ㄴ, 군자에 대해　ㄴ, 공자가 말하길　ㄴ, 몸을 닦는 것이다

以 敬 _{이니라}　曰 如 斯 而 已 乎 _{잇가}
써 공경할　　　말할 같을 이 조사 이미 조사
이 경　　　　왈 여 사 이 이 호
ㄴ, 공경함으로써　　ㄴ, 말하되 ㄴ, 이와 같을　ㄴ, 뿐입니까? (더 없습니까?)

曰 修 己 以 安 人 _{이니라}　曰 如 斯 而
말할 닦을 몸 써 편안할 사람　　　말할 같을 이 조사
왈 수 기 이 안 인　　　　　왈 여 사 이
ㄴ, 말하되 ㄴ, 몸을 닦아 ㄴ, 사람들을 편안하게 하는 것이다　ㄴ, 말하되 ㄴ, 이와 같을

已 乎 _{잇가}　修 己 以 安 百 姓 _{이니}
이미 조사　　닦을 몸 써 편안할 백 성
이 호　　　수 기 이 안 백 성
ㄴ, 뿐입니까?(더 없습니까?)　ㄴ, 몸을 닦아 ㄴ, 백성을 편안하게 하는 것이니

修 己 以 安 百 姓 _은　堯 舜 _도
닦을 몸 써 편안할 백 성　　　요임금 순임금
수 기 이 안 백 성　　　　요 순
ㄴ, 몸을 닦아 ㄴ, 백성을 편안하게 함은　ㄴ, 요, 순임금도

其 猶 病 諸 _{시니라}
그 오히려 부족할 모두
기 유 병 제
ㄴ, 부족하게 생각했던 것이다.

자로가 군자에 대해 묻자 공자가 말하길, 공경함으로써 몸을 닦는(자신을 수양하는) 것이다.

그와 같을 뿐입니까? 말하되, 몸을 닦아 남을 편하게 하는 것이다. 그와 같을 뿐입니까? 말하되, 몸을 닦아 백성을 편안하게 하는 것이다. 이것은 요순임금도 어려워했던 것이다.

수기안인(修己安人). 자신에 대한 수양을 통해 다른 사람을 편안하게 한다는 뜻입니다. 이 문구에서 나온 말이지요.
몸을 닦는다는 것은 자기에 대한 수양을 의미합니다.
자기에 대한 수양. 많은 고민을 하게 만드는 부분입니다.

의외로 답은 간단합니다. 첫 머리에 중용 첫 장을 소개했잖아요?
자기가 어떤 존재인지, 어떤 모습으로 어떻게 살아가야 하는지에 대해서 찾는 거지요. 하늘이 주신 인간본래성을 회복하는 겁니다.

그렇게 해서 다른 사람들을 편안하게 할 수 있지요. 예를 들어 초급 간부는 작업 전에 작업의 목적이 무엇이고, 도구와 자재는 무엇이 필요하고, 임무분담을 어떻게 할 것인지 미리 생각해놓아야 합니다.

더 나아가 지시를 하기 전에, 말을 하기 전에 내가 한 번 더 고민해야 합니다. 이런 지시를 하는 것이 괜찮을까? 이런 지시를 하면 다른 사람들이 고민하지 않을까? 내가 다른 사람의 영역을 침해하지 않을까? 다른 사람이 기분 나쁘지 않을까? 생각해야 합니다.

그게 바로 군자의 모습이기도 하고요, 리더의 모습이 되어야 하지요.

나는 계급과 직책이 높고, 나이도 많고, 권력도 있으니까
대충 아무 이야기나 해도 되나요?
수기안인(修己安人). 참으로 많은 생각을 하게 하는 말입니다.

子 曰　　人 無 遠 慮 면

아들　말할　　사람　없을　멀　생각할
자　　왈　　　인　　무　원　　려
ㄴ, 공자가 말하기를　　ㄴ, 사람이 없으면　ㄴ, 멀리 내다보는 생각

必 有 近 憂 니라

반드시　있을　가까울　근심
필　　유　　근　　우
ㄴ, 반드시 있다　　ㄴ, 가까운 근심이

공자가 말하기를, 사람이 먼 생각이 없으면
반드시 가까운 근심이 있다.

이런 사람이 있었습니다. 주간이나 일일 회의를 할 때, 부대운용이 마음에 들지 않는다고 항상 짜증을 내던 사람 말이에요.
회의 시간도 길어지고, 그 스트레스는 참으로 커서, 예하부대에까지 그 분위기가 고스란히 전해집니다.

일일, 주간회의는 그날, 그다음 주의 부대운용을 논하는 자리입니다. 그 사람은 1개 분기 후에, 1개 반기 후에 어떤 부대가 되기를 바랐을까요? 그것이 없으니 일일, 주간회의 때 마음에 들지 않는다고 짜증을 냈던 것은 아닐까요?
그러면 1개 분기, 반기 후의 일은 누가 생각할까요?
지휘관이 해야지요. 리더가 해야지요.
멀리 내다보고 생각해야 합니다.
전투에서 장차 작전을 준비하듯이 말이에요.

리더가 그렇게 자기의 역할을 하지 않고, 발등에 떨어진 불만을 보고 지시를 해요. 그리고 가까운 근심만을 가지고 다른 사람들에게 스트레스를 줍니다. 그러면 부대가 발전합니까? 오히려 부대운영을 힘들게만 하고 사람들에게는 좋지 않았던 기억만 남을 뿐이지요. 악순환만 계속됩니다.

가까운 분야는 실무자와 부하의 영역에 두세요.
지휘관은, 리더는 좀 더 멀리 내다보아야 합니다.
그래야 수기안인(修己安人)도 되고, 부대도 평안하지요.

子 曰 躬 自 厚 而 薄 責 於 人 이
아들 말할 몸 스스로 후할 조사 엷을 꾸짖을 조사 사람
자 왈 궁 자 후 이 박 책 어 인
ㄴ, 공자가 말하기를 ㄴ, 자신을 꾸짖음 ㄴ, 후하게 ㄴ, 박하게 ㄴ, 남을 책망함

則 遠 怨 矣 니라
곧 멀 원망할 조사
즉 원 원 의
ㄴ, 그러면 곧 ㄴ, 원망이 멀어진다

공자가 말하기를, 스스로 책하기를 후하게 하고
남을 책하기를 박하게 하면 원망이 멀어질 것이다.

우리는 군 생활하면서 자기를 책하는 것을 많이 하나요? 남을 책하는 것을 많이 하나요?

아마도 대부분 남을 더 많이 책할 겁니다. 저도 물론 그렇지요.

그런데 여기에서는 이렇게 이야기를 하네요. 자기 책하기를 후하게 하고, 남 책하기를 박하게 하면 원망이 멀어진다고요.
남을 책하기를 많이 하면 어떻게 되겠어요?
원망이 가까워지는 거지요. 원망이 가까워져요.
남을 책하는 마음은 어떤 마음이에요?
'그 사람이 좀 더 잘 했으면, 더 잘 성장했으면' 하는 마음이잖아요?
우리 조직이 그래서 더 잘 되기를 바라는 마음이지요.

그렇게 안 됩니다. 그렇게 되지 않아요.
책망하는 것으로 전투 역량 좋은 부대, 조직이 되는 경우는 없습니다. 여기서 그걸 이야기하고 있잖아요? 여러분도 다 알잖아요?

그럼 어떻게 해야 할까요?
김수환 추기경님이 '내 탓이오, 내 탓이오.' 하셨던 이유가 있습니다.
남을 탓하기보다는 '내 탓이오, 내 탓이오.' 하세요.
원망이 멀어집니다.

子	貢 이	問	曰	有	一	言	而	可
아들	바칠	물을	말할	있을	한	말씀	접속사	옳을
자	공	문	왈	유	일	언	이	가

ㄴ 자공이　　ㄴ 물어 가로되,　　ㄴ 한 마디의 말　　ㄴ 가

以	終	身	行	之	者	乎 잇가	子	曰
써	마칠	몸	행할	조사	사람	조사	아들	말
이	종	신	행	지	자	호	자	왈

ㄴ 종신, 죽을때까지　　ㄴ 그것을 지킬 말이 있습니까?　　ㄴ 공자가 말하

其	恕	乎 인저	己	所	不	欲
그	용서할	조사	자기	바	아닐	하고자
기	서	호	기	소	불	욕

ㄴ 그것이 '서(恕)'이다.　　ㄴ 그 ~한 바　　ㄴ 하고 싶지 않은 바

勿	施	於	人 이니라
말	베풀	조사	사람
물	시	어	인

ㄴ 베풀지 마라　　ㄴ 다른 사람에게

자공이 묻되, 종신토록 행해야 할 한 마디의 말이 있습니까?

공자가 말하기를, '서(恕)'가 그것이다.

자기가 하기 싫은 것은 남에게도 시키지 않는 것이지.

자기가 윗사람에게 혼나고 와서는 그것을 밑에 사람들에게 똑같이 혼내는 사람이 있습니다.
고통을 내리물림하는 것이지요.

문서를 검토하면서 한참씩 옆에 세워두고 직직 그어가면서 스트레스를 주는 사람도 있지요. 정작 자신도 그런 것을 욕하면서요.

자기도 싫으면서 왜 남에게 그렇게 합니까?
아랫사람이고 힘없는 사람이니까?
나만 괜찮으면 되니까?

자기가 겪은 전철을 똑같이 반복하는 것은 안타까운 일입니다.
그런 사람들은 우리 군과 조직을 발전시키지 못하지요.
다행히 그런 사람이 많지 않고, 우리 군에서 진출도 잘 안 되는 것 같습니다. 안 되어야 하지요.

우리 군이 지금까지 발전해 온 것은 수많은 우리 선배들이 자기가 당했던 불합리한 점을 고쳐왔기 때문입니다.

여러분도 그 주역이 되면 좋겠네요.

鄙 夫 는   其 未 得 之 也 엔

천할   아비   그   아닐 얻을 조사 조사
비   부   기   미   득   지   야
ㄴ, 비부, 천한 사람. 보통사람 ㄴ, 그것을 아직 ㄴ, 얻지 못했을 때에는

患 得 之 하고   旣 得 之 하얀   患 失

걱정할 얻을 조사   이미 얻을 조사   걱정할 잃을
환   득   지   기   득   지   환   실
ㄴ, 얻을 것을 걱정하고   ㄴ, 이미 얻은 때에는   ㄴ, 잃을 것을 걱정함

之 하나니   苟 患 失 之 면   無 所

조사   진실로 걱정할 잃을 조사   없을   바
지   구   환   실   지   무   소
ㄴ,진실로 잃을 것을 걱정하면   ㄴ, ~할 바가 없다

不 至 矣 니라

아닐   이를 조사
부   지   의
ㄴ, 이르지 못할

비루한 사람은 그것을 얻기 전에는 얻을 것을 걱정하고 그것
을 얻은 후에는 잃을 것을 걱정하나니, 진실로 잃을 것을 걱
정하면 이르지 못할 곳이 없다. (어떠한 일이든지 하게 되는
것이다.)

재물이 있으면 좋지요. 편하게 살 수 있습니다.

그러나 군인이 재물 욕심이 많아서 글의 내용과 같이 되면 곤란하겠지요.

비부는 수양을 하지 않은 보통사람을 의미합니다.
또는 자기의 이익만을 좇는 소인을 말하기도 하지요.

그 재물이나 명예를 얻기 전에는 '그것을 어떻게 얻을까? 과연 얻을 수 있을까?' 걱정해요. 아침저녁으로 말이지요.

그런데 요행히 그것을 얻었어요. 그렇다고 걱정이 덜어지느냐, '그것을 또 잃지 않을까?' 또 걱정해요. 항상 그렇게 살지요.
'내가 진급을 할까? 못할까?' 그것도 비슷한 걱정입니다.

군자의 걱정은 '내가 어떻게 성덕(成德, 덕을 이룸)을 할까? 어떻게 하면 인(仁)에 머무를까?' 그런 것들이지요.

이 글에서 나온 것은 소인의 걱정, 비부의 걱정입니다. 참 피곤하게 살지요. 그러다가 급기야는 옳지 않은 일도 일삼게 되는 것입니다. 옳고 그름을 떠나서 수단과 방법을 가리지 않게 되는 것이지요.

이익에 급급하지 않게 살아왔음을 참 감사하게 되네요.

子 路 曰　　君 子 尚 勇 乎　잇가
아들 길 말할　　임금 아들 숭상할 용감할 조사
자 로 왈　　군 자 상 용 호
ㄴ 자로가 말하기를　　ㄴ 군자가　ㄴ 숭상합니까　ㄴ 용기를

子 曰　　君 子 는　　義 以 爲 上　이니
아들 말할　　임금 아들　　옳을 써 할 윗
자 왈　　군 자　　의 이 위 상
ㄴ 공자가 말하기를　　ㄴ 군자는　　ㄴ '의'를 상으로 여긴다.

君 子 有 勇 而 無 義　면　　爲 亂　이요
임금 아들 있을 용감할 접속사 없을 옳을　　할 어지러
군 자 유 용 이 무 의　　위 울 난
ㄴ 군자가　ㄴ 용기만 있고　ㄴ 의가 없으면　　ㄴ 난을 일으키게 되고

小 人 有 勇 而 無 義　면　　爲 盜　니라
작을 사람 있을 용감할 접속사 없을 옳을　　할 도둑
소 인 유 용 이 무 의　　위 도
ㄴ 소인이　ㄴ 용기만 있고　ㄴ 의가 없으면　　ㄴ 도둑이 되는 것이다.

자로가 물었다. 군자가 용기를 숭상합니까?
공자가 말하기를 군자는 의를 상으로 여긴다.
군자가 용기만 있고 의가 없으면 난을 일으키게 되는 것이고
소인이 용기만 있고 의가 없으면 도둑이 되는 것이다.

사람이 용기가 있어야지요. 특히나 군인은 더욱 그렇고요.
그런데 용기만 있어서는 안 됩니다. 의(義)가 함께 받쳐주어야 합니다.
지나가는 사람 붙잡고 '네가 감히 나에게 대적하겠느냐?' 하며 위세를 떠는 것은 작은 용기(소용, 小勇)입니다.
어렸을 때는 싸우면 누가 이기냐는 것을 놓고 많이 따지지요.
어른이 되어서 할 일은 아닙니다.

군자의 용기는 옳은 것을 하고 그른 것을 하지 않는 것을 말합니다. 옳고 그름에 대한 자기 기준이 명확하게 서 있어야 가능한 것이지요.

맹자는 '대장부'라는 존재에 대해 이렇게 이야기를 합니다.
'내가 인(仁)을 행하고 의(義)의 길을 가는데, 뜻을 같이 하는 사람이 있으면 같이 가고, 없으면 혼자라도 간다. 부귀(富貴)와 빈천(貧賤)이 나를 괴롭히지 못하고, 위세와 무력에도 굴하지 않으니, 이것이 대장부이다.'

용기는 약한 사람에게 알량한 허세를 부리는 것이 아닙니다.
옳은 것을 실천함에 있어 내 목에 칼이 들어오고, 내가 가진 것을 다 내놓아야 하는 상황이 되더라도 떳떳하게 행동할 수 있는 것!

그것이 의(義)에 바탕을 둔 군자의 용기입니다.

子 曰
아들 말할
자 왈
ㄴ, 공자가 말하기를

年 四 十 而 見 惡 焉 이면
해 넷 열 접속사 볼 미워할 조사
연 사 십 이 견 오 언
ㄴ, 40세가 되어서도   ㄴ, 미워함을 받으면

其 終 也 已 니라
그 마칠 조사 이미
기 종 야 이
ㄴ, 그것은 끝난 것이다.   ㄴ, 이미

공자가 말하기를

나이 사십이 되어서도 (사람들에게) 미움을 받으면

그것은 이미 끝난 것이다.

엄청난 직격탄을 날리는군요. 40세 넘은 사람은 어쩌라고 ㅠㅠ

옛날에는 여덟 살이 되면 서당에 가서 천자문과 소학을 배웠답니다. 한자와 생활예절을 배우기 시작한 것이지요.

이후에 열 다섯이 되면 학문에 뜻을 두고(지우학, 志于學) 공부를 본격적으로 합니다. 그리고는 과거 시험을 보고 급제를 해서 등용이 되겠지요. 그렇게 계속 글공부를 하면서 삼십에는 일어서며(입, 立), 사십에는 미혹되지 않고(불혹, 不惑), 오십에는 천명을 알고(지천명, 知天命), 육십에는 귀가 순해지고(이순, 耳順), 칠십에는 내가 원하는 대로 해도 법도에 어긋남이 없게 됩니다. (종심소욕불유구, 從心所欲不踰矩). 논어 '위정'편, 나이에 따른 모습을 나타내는 말입니다.

당시 공부는 지금처럼 영어단어나 수학 공식 외우는 것이 아니라, 인간 존재와 세상 원리, 신의 섭리를 궁구하는 것이었습니다.

지금 이런 경서 공부를 15세부터 해서 25년을 공부했는데, 40세가 되도록 행실이 부족하여 손가락질 받는 바에 그친다면, 그 사람은 이미 가능성이 없다는 것이지요.

참 무서운 말입니다. 지금부터라도 조심해야겠네요.

子 夏 曰　　雖 小 道 나

아들　여름　말할　　비록　작을　길
자　　하　　왈　　　수　　소　　도
ㄴ, 자하가 말하기를　　　ㄴ, 비록　ㄴ, 작은 길, 작은 것이라도

必 有 可 觀 者 焉 이어니와

반드시　있을　옳을　볼　사람　조사
필　　유　　가　　관　자　　언
ㄴ, 반드시 있다　ㄴ, 살펴볼 것이

致 遠 恐 尼 라　是 以 로

이를　멀　두려울　중　　옳을　써
치　　원　　공　　니　　　시　　이
　　　　　　ㄴ, 진흙 니로 해석
ㄴ, 멀리 이르는데　ㄴ, 진흙탕에 빠질 것이 두려워　ㄴ, 이 때문에

君 子 不 爲 也 니라

임금　아들　아닐　할　조사
군　　자　　불　　위　야
ㄴ, 군자는 (그것을)　ㄴ, 하지 않는 것이다.

자하가 말하기를 비록 작은 것이라도 가히 살필 것이 있지만,
멀리 이르는 데 장애가 될까 하여 군자가 이것을 하지 않는
것이다.

평소에 부대를 지휘하거나 전시에 전투를 지휘할 때
지휘관이 사소한 것까지도 정성을 다해 챙겨야 한다고 합니다.
중용 23장에도 '정성'에 대해 언급하지요.
그러나 여기서는 반대의 내용을 이야기하네요. 반대의 내용이 아
니라, 나중에 중용에서 이야기하겠지만, 우리가 생각하던 그런 의
미가 아니라는 겁니다. 대개 중용 23장을 인용하면서 '너희들은 이
런 정성과 성의가 부족해!'라고 리더가 이야기하는 일이 많기 때문
이지요.

리더는 단편적인 것보다는 큰 방향을 제시해야 합니다.
과업을 제시하기보다는 최종상태와 작전목적을 제시해야죠.
과업은 수준별로 아주 많은 내용이 나올 수 있고, 리더가 그것에
집착하면 숲을 보지 못하고 나무만 보는 모습이 될 수 있습니다.
결국 숲을 헤어나오지 못하지요.

그래서 리더는 때로는 알면서도 모르는 척하는 것이고요.
돌아가는 것처럼 보이지만 결국은 빨리 가는 우직지계(迂直之計,
손자병법에 나오는 말)를 사용하는 것입니다.

발등에 떨어진 불에 호들갑 떨고,
눈앞에 보이는 과오를 지적하고,
세심한 것까지 정성스럽게 지도를 해주는 것도 필요하지만
치원공니(致遠恐尼)도 기억하면 좋겠네요.

子 夏 曰　　君 子 有 三 變 하니
아들 여름 말할　　임금 아들 있을 셋 변할
자 하 왈　　군 자 유 삼 변
ㄴ, 자하가 말하기를　　ㄴ, 군자는　　ㄴ, 있다 ㄴ, 세 가지 변화가

望 之 儼 然 하고　　卽 之 也 溫 하고
바랄 조사 의젓할 그러할　　가까울 조사 조사 따뜻할
망 지 엄 연　　즉 지 야 온
ㄴ, 멀리서 보면 ㄴ, 엄연함, 의젓하고　　ㄴ, 가까이서 보면 ㄴ, 온화하고

聽 其 言 也 厲 니라
들을 그 말씀 조사 갈
청 기 언 야 려
ㄴ, 들어보면 ㄴ, 그 말을　　ㄴ, 수려하다로 해석

자하가 말하기를 군자는 세 가지 변화가 있다.

멀리서 바라보면 의젓하고

가까이서 바라보면 온화하고,

그 말을 들어보면 수려하다.

흔히 늙어서 자기 외모는 스스로 책임져야 한다고들 합니다.
맨날 화를 내는 사람은 그 인상으로 굳어지고,
무뚝뚝한 표정의 사람은 그 표정이 일상의 표정이 되지요.
군자의 모습은 멀리서 보더라도 눈에 띄는가 봅니다.
엄연하고 의젓한 기운이 느껴진다고나 할까요.

가까이서 보면 그 표정이 온화하지요.
잘생기고 못생긴 것을 떠나서
평안함이 있는 얼굴일 겁니다. 그 에너지를 느낄 수 있지요.

그 말을 들어보면 '수려'하다...
이 말은 참 많은 생각을 하게 합니다.
어떻게 해야 그런 말을 하게 되는걸까요?

듣는 사람이 불편하지 않은 말을 해야겠지요.
막힘도 없이 술술 이야기를 해야 할 거고요.
또 들을 만한 이야기를 해야겠지요.
아름답고 기분 좋은 이야기이기도 해야겠고..

군자의 이런 모습이 하루 아침에 이루어지는 것 같지는 않네요.
그래도 여러분의 모습도 이와 같으면 좋겠습니다.

子 貢 曰
아들 바칠 말할
자 공 왈
ㄴ, 자공이 말하기를

君 子 之 過 也 는
임금 아들 조사 허물 조사
군 자 지 과 야
ㄴ, 군자의   ㄴ, 허물은

如 日 月 之 食 焉 이라
같을 날 달 조사 먹을 조사
여 일 월 지 식 언
ㄴ, 같다 ㄴ, 해와 달의. ㄴ, 좀먹을 식(蝕), 일식, 월식

過 也
허물 조사
과 야
ㄴ, 잘못하면

人 皆 見 之 하고
사람 모두 볼 조사
인 개 견 지
ㄴ, 사람들이 모두 ㄴ, 그것을 보고

更 也 에
고칠 조사
경 야
ㄴ, 잘못을 고치면

人 皆 仰 之 니라
사람 모두 우러를 조사
인 개 앙 지
ㄴ, 사람들이 모두 ㄴ, 우러러본다.

자공이 말하기를 군자의 허물은 일식과 월식 같아서
허물이 있으면 사람들이 모두 그것을 보고,
허물을 고치면 사람들이 다 우러러본다.

리더도 사람인지라, 실수하고 잘못도 하지요.
특히, 부하들 앞에서 그랬다면 더욱 민망합니다.
거기에 한 술 더해서 구차한 해명과 변명까지 해보지요.
수습하기 어려운 상황이 됩니다.
부하들도 다 알아요. 저 사람이 왜 그러는구나.

솔직하게 자기 잘못을 이야기하고 잘못했다고 하세요.
부하들이 다 박수쳐주고 그 용기를 응원할 겁니다.
누구나 그런 실수를 할 수 있다는 것을 다 알거든요.
리더도 예외가 아니란 것도요.

'아.. 저 분도 사람이구나... 우리처럼 실수도 하는구나...
그래도 저렇게 용기를 내서 솔직하게 인정하고 바로잡네!'
바로 그런 부분이 더 존경스럽게 보이는 겁니다.

구차한 변명과 해명으로 상황을 모면하기보다는 솔직하게 자신의
잘못을 인정하고 책임지려는 자세가 필요합니다.
부끄럽고 창피한 것이 아니에요. 오히려 잘못을 하고도 뻔뻔하게
구는, 몰염치한 것이 창피한 것이죠.

부하들은 그것을 더 높이 평가하고,
'저 사람을 따라가면 우리가 이길 수 있고, 살기 좋겠다'라고
생각하게 되는 것이지요.

III. 맹자

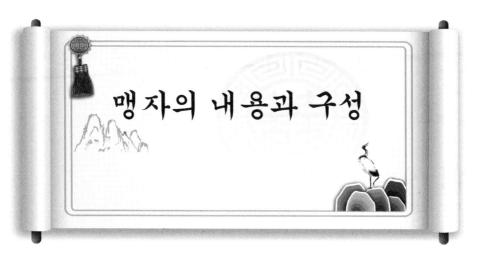

맹자의 내용과 구성

맹자는 맹자와 제자들이 저술한 책입니다. 공자의 학문을 따랐지요. 그래서 논어의 내용과 연계되는 부분도 있고, 그것을 실생활에 구체적으로 적용하는 방법을 제시한 것도 있습니다. 특히 왕도정치의 원리를 이야기했다고 하지요. 요즘 말로 하면 '리더의 바람직한 모습'이라 하겠습니다. 부모가 자식을 사랑으로 키우듯이, 그렇게 다스리라고 하는 이야기입니다.

1. 梁惠王 上下 양혜왕 상하

2. 公孫丑 上下 공손추 상하

3. 滕文公 上下 등문공 상하

4. 離婁 上下 이루 상하

5. 萬章 上下 만장 상하

6. 告子 上下 고자 상하

7. 盡心 上下 진심 상하

王 은　　亦 曰 仁 義 而 已 矣 시니

임금　　　또 말할 어질 옳을 접속사 이미 조사
왕　　　　역 왈 인 의 이 이 의
ㄴ, 왕께서는　　ㄴ, 또한 인의를 말하실　　ㄴ, 따름이니

何 必 曰 利 잇고

어찌 반드시 말할 이로울
하 필 왈 리
ㄴ, 어찌 반드시　ㄴ, 이로움을 말씀하십니까?

왕은 또한 인의(仁義)를 말씀하실 따름이니
어찌하여 이로움을 말씀하십니까?

양혜왕이 맹자를 불러서 이야기를 듣고자 했습니다.
어떻게 하면 나라가 부국강병을 할 수 있을지 고민하던 참이었지요. 맹자가 오던 때에, 맞이하면서 첫 인사를 이렇게 합니다.
'맹자께서 오셨으니, 우리나라에 좀 이로움이 있겠습니다!'

그 말에 맹자가 이렇게 답변하는 거지요.
지금 같았다면 인사치레라도 '불러주셔서 감사하다' 할 판인데, 거침없이 야단부터 치시네요.
왕의 첫마디부터 들어보니, 생각 자체가 잘못되었다고 꾸짖는 겁니다.

리더도 그렇습니다. 이런 생각만 하는 사람들이 있을 수 있지요.
'이것을 하면 이익이 될까? 저것을 하면 이익이 될까?'
그 이득이 뭡니까? 자기 진급하고 좋은 보직 아니에요?
물론 그런 사람이 많지는 않겠지요.

자신의 이익을 위해 전전긍긍하며 지휘를 하는 자는 부하들의 마음에서 우러나오는 복종을 받기 어렵습니다.

리더들은 오로지 인의(仁義)를 위해 군과 조직을 운영해야 합니다.
그런 선배들 덕분에 우리 군이 이제까지 발전해 온 거지요.

孟 子 對 曰
맏 아들 대답할 말할
맹 자 대 왈
ㄴ 맹자가 대답하여 말하되,

殺 人 以 挺 與
죽일 사람 써 몽둥이 더불
살 인 이 정 여
ㄴ 사람을 죽이는 것이　ㄴ 몽둥이로　ㄴ 더불어

刃 이
칼날
인
ㄴ 칼날과

有 以 異 乎 잇가
있을 써 다를 조사
유 이 이 호
ㄴ 있습니까?　ㄴ 다른 점이

曰
말할
왈
ㄴ 대답하되

無 以 異 也 니이다.
없을 써 다를 조사
무 이 이 야
ㄴ 없습니다.　ㄴ 다른 점이

以 刃 與 政 이
써 칼날 더불 다스릴
이 인 여 정
ㄴ 칼날과　ㄴ 정치가 더불어

有 以 異 乎 잇가
있을 써 다를 조사
유 이 이 호
ㄴ 있습니까?　ㄴ 다른 점이

無 以 異 也 니이
없을 써 다를 조사
무 이 이 야
ㄴ 없습니다.　ㄴ 다른 점이

맹자가 대답하여 가로되,
사람을 죽이는 것이 몽둥이와 칼이 다릅니까? 아닙니다.
칼과 정사로 하는 것이 다릅니까? 아닙니다.

양혜왕은 위나라의 왕이었습니다. 맹자가 위나라를 가는데, 집집마다 백성들은 먹을 것이 없어 굶어 죽는 상황이었습니다. 죽은 사람에 대해 장례도 제대로 치르지 않고요.

그리고 들에 곡식은 짐승들이 먹고 있는데 아무도 돌보지를 않더랍니다. 나라 꼴이 말이 아니었음을 짐작하게 합니다.

이 글은 맹자가 양혜왕에게 다그치는 말입니다.

말인즉슨, '당신이 실정을 해서 백성을 죽이는 것이 칼이나 몽둥이로 사람을 죽이는 것과 다름없지 않냐?' 하는 것입니다.

양혜왕도 할 말이 많았겠지요. 핑계가 많지 않았겠습니까?

2014년도에 어느 부대에서 일병이 다른 병사에게 오랜 기간 폭행을 당하다가 사망하는 사건이 발생했습니다. 어느 조직을 관리하는 리더라면 그런 상황에서 '내가 죽인 것은 아니야!'라고 변명해서는 안 됩니다. 법적인 책임과 상관없이 도의적으로 말이지요.

그리고 그런 사람은 지휘관 하면 안 됩니다.

실정을 해서 사람이 죽는 지경까지 이르게 하는, 그런 사람 말이지요. 그 사람을 직접 죽인 것은 아니더라도, 죽음에 이르기까지 아무 조치도 하지 않았기 때문입니다.

그런 일은 갑자기 일어나지 않습니다. 점진적으로 시작됩니다.

어떤 일에 기미(幾微, 낌새)를 보고 앞서 예측하고 예방해야죠.

작은 것이 어긋나는 것을 바로잡지 못하고 방치해서 큰 재앙에 이르게 하는 사람은 훌륭한 리더가 될 수 없습니다.

無 恒 産 而 有 恒 心 者 는 惟 士
없을 항상 낳을 접속사 있을 항상 마음 사람　　오로지 선비
무 항 산 이 유 항 심 자　　유 사
ㄴ 항산이 없어도　　ㄴ 항심이 있는 자는　　ㄴ 오직 선비만이

爲 能 이어니와 若 民 則 無 恒 産 이면
할 능할　　만약 백성 곧 없을 항상 낳을
위 능　　약 민 즉 무 항 산
ㄴ 할 수 있다.　　ㄴ 만약 백성이　　ㄴ 항산이 없으면

因 無 恒 心 이니 苟 無 恒 心 이면
인할 없을 항상 마음　　진실로 없을 항상 마음
인 무 항 심　　구 무 항 심
ㄴ 이로 인해 항심도 없으니　　ㄴ 진실로 항심이 없으면

放 辟 邪 侈 를 無 不 爲 已 니
놓을 허물 간사할 사치할　　없을 아닐 할 이미
방 벽 사 치　　무 불 위 이
ㄴ 방벽사치, 방탕함과 허물, 간사함, 사치함　　ㄴ 없으니 ㄴ 하지 못할 바가

及 陷 於 罪 然 後 에 從 而 刑 之 면
미칠 빠질 조사 허물 그러할 뒤　　따를 접속사 형벌 조사
급 함 어 죄 연 후　　종 이 형 지
ㄴ 급기야 ㄴ 죄에 빠진 후에　　ㄴ 형벌로 조치한다 하면

是 는 罔 民 也 라 焉 有 仁 人 在
옳을　　그물 백성 조사　　어찌 있을 어질 사람 있을
시　　망 민 야　　언 유 인 인 재
ㄴ 이것은 ㄴ 백성을 그물질하는 것이다.　　ㄴ 어찌 인한 사람이 자리에 있으면서

位 하여 罔 民 을 而 可 爲 也 리오
자리　　그물 백성　　접속사 옳을 할 조사
위　　망 민　　이 가 위 야
ㄴ 백성을 그물질 하는 것이　　ㄴ 가능한 일인가?

항산(恒産)이 없어도 항심(恒心)이 있는 자는 오로지 선비
만 가능합니다. 만약 백성이 항산이 없으면 항심도 없고 항심
이 없으면 방탕, 간사, 사치를 못할 바가 없으니 죄에 빠진 후
형벌로 다스린다면 이는 백성을 그물질하는 것입니다. 인한
사람이 자리에 있으면서 어찌 백성을 그물질하겠습니까?

항산(恒産)은 고정적인 수입이에요. 옛날에는 농산물이 주였겠지요. 항심(恒心)은 한결같이 기준이 서 있는 마음을 이야기합니다.

훈련을 열심히 하고 들어와서 총을 닦을 시간도 주지 않고 이것저것 정비를 열심히 합니다. 그 통제를 따라서 중대원들은 무언가를 하지요. 저녁때가 되어서, 당직 근무자가 보니, 총기 손질이 엉망이에요. 그래서 오늘 저녁 점호 때 총기 손질 상태를 점검하겠다고 하고, 총기가 깨끗하지 않은 사람은 혼내주겠다고 엄포를 놓지요. 그리고는 다음 날 중대장에게 이런 일이 있어서 총기를 닦게했노라고 자랑스럽게 이야기합니다. 요즘 애들이 엉망이라는 이야기도 하면서요.

구성원들이 기본 임무를 할 수 없도록, 다른 일에 집중하게 해놓고 기본적인 일을 못 했다고 하는 것은 리더가 구성원들을 그물질하는 것입니다. 한술 더 떠서, 엄벌을 내리겠다고 엄포까지 놓는다면, 자신에 대한 존경과 신뢰를 아주 빠르게 잃게 되겠지요.

그렇게 만든 것이 누구에요? 리더 자기 자신이지.
그런데 왜 그 잘못을 부하들에게 돌리느냐는 말입니다.

왜 못했는지 물어보고, 공감하고, 자신의 잘못을 찾고, 구성원들이 하지 못했던 부분을 보완할 수 있도록 이끌어야 합니다.
나쁜 부대는 없습니다. 나쁜 리더가 있을 뿐이지요.

孟子맹자, 梁惠王양혜왕

王　請　無　好　小　勇　하소서　　　夫　撫　劍　疾
임금　청할　없을　좋을　작을　용감할　　　무릇　어루만질　칼　병질
왕　　청　　무　　호　　소　　용　　　　　부　　　질무　　검　　질
ㄴ 왕은 청컨대　ㄴ 좋아하지 마소서　ㄴ 작은용기를　　ㄴ 무릇 칼을 만지며

視　日　　彼　惡　敢　當　我　哉　리오하나니
볼　말할　　저　어찌　감히　당할　나　조사
시　왈　　피　오　감　당　아　재
ㄴ 질시, 쏘아보며 말하길　ㄴ 네가 어찌 감히　ㄴ 나를 당하겠느냐?

此　는　　匹　夫　之　勇　이라　　敵　一　人　者
이　　　　필　아비　조사　용감할　　　맞설　한　사람　사
차　　　　필　부　지　용　　　　적　일　인　자
ㄴ 이것은　ㄴ 필부(평범한 사람)의 용기라　ㄴ 한 사람을 대적하는 것이니

也　니　　王　請　大　之　하소서
조사　　　임금　청할　큰　조사
야　　　　왕　청　대　지
ㄴ 왕은 청컨대 그것을 크게 보소서

왕은 청컨대, 작은 용기를 좋아하지 마십시오.
칼을 어루만지며 쏘아보면서 '네가 어찌 나를 감당하겠느냐?'
하는 것은 필부(평범한 사람)의 용기입니다.
한 명의 적을 상대하는 것일 뿐이니, 왕은 청컨대 용기를 크
게 보소서.

군 생활의 리더십 이야기

사람들은 대부분 영향력을 확대하려 합니다.
여러 가지 영향력 중에서 가장 차원이 낮은 것이 물리적인 폭력으로 영향력을 삼는 것이지요.

'계급장 떼고 한판 붙어볼래?' 하는 호기로운 말은 자기 인격의 부족함과 무능의 극치를 드러내는 말입니다.
상대에게 행사할 직, 간접적인 영향력이 얼마나 없으면 그런 지경에까지 이르겠어요?
부하들에게 신뢰를 잃어도 보통 잃은 것이 아니겠지요.
평정을 긁겠다 운운하면서 협박을 하는 것이나 '이번에도 잘못하면 가만두지 않겠어!' 이런 말들이 다 같은 말입니다.

어떤 능력 있는 부하가 약간은 예의에 어긋날 정도로 불만 섞인 이야기를 했다고 해봅시다.
그것에 기분이 나빠서, '이 자식, 두고 보자' 하며 이빨을 갈고 그 사람을 완력으로 누르려고 하면 그 사람은 자기 사람이 되기 어렵습니다. 공감과 이해를 해야죠.

날카로운 칼 같은 부하를 두었다면 그 칼날을 대하려 하지 말고, 칼의 손잡이를 잡아야 칼끝이 나를 향하지 않지요.
그리고 나는 그 칼을 원하는 대로 쓸 수 있습니다.

그러나 필부의 용기로는 그렇게 하기 어렵습니다.

敢 問 何 爲 浩 然 之 氣 잇고 其 爲

감히　물을　어찌　할　넓을　그러할　조사　기운　　　그　할
감　　문　　하　　위　　호　　연　　지　　기　　　　기　　위
ㄴ, 감히 묻습니다　ㄴ, 어찌하면 기릅니까?　ㄴ, 호연지기를　　　ㄴ, 그 기운은

氣 也 至 大 至 剛 하고 其 爲 氣 也

기운　조사　이를　큰　이를　굳셀　　　　그　할　기운　조사
기　　야　　지　　대　　지　　강　　　　기　　위　　기　　야
　　　　ㄴ, 지극히 크고 굳세다.　　　　ㄴ, 그 기운은

配 義 與 道 하니 無 是 면 餒 也 니라

짝　옳을　더불어　길　　　없을　옳을　　　주릴　조사
배　의　　여　　도　　　무　　시　　　뇌　　야
ㄴ, 도와 더불어 의가 짝지어진 것이니　ㄴ, 이것이 없으면　ㄴ, 주리게 된다

是 集 義 所 生 者 라 非 義 襲 而

옳을　모을　옳을　바　날　사람　　　아닐　옳을　엄습할　접속사
시　　집　　의　　소　　생　　자　　　비　　의　　습　　이
ㄴ, 이것은 모여서　ㄴ, 의가　ㄴ, 생겨나는 나는 바이다.　ㄴ, 아니다　ㄴ, 의가 엄습해와서

取 之 也 니 行 有 不 慊 於 人 則

취할　조사　조사　　　행할　있을　아닐　흡족할　조사　사람　곧
취　　지　　야　　　행　　유　　불　　겸　　어　　인　　즉
ㄴ, 얻어지는 것　ㄴ, 행함에 있다면　ㄴ, 흡족하지 않음　ㄴ, 다른 사람에게

餒 矣 니라.

주릴　조사
뇌　　의
ㄴ, 주리게 된다.

감히 여쭙습니다. 어떻게 호연지기를 기를 수 있을까요?
그 기운은 크고 강건하고, 의(義)와 도(道)의 두 가지가 짝지
어진 것이다. 사람은 의와 도가 없으면 (호연지기가) 주리게
된다. 호연지기는 의(義)가 모여서 만들어지는 것이다.
갑자기 의를 실천한다고 되는 것이 아니니, 다른 사람을 대함
에 있어 마음의 거리낌이 있으면 그것도 주리게 된다.

호연지기는 큰 물같이 그러한 기운이라는 뜻입니다.
큰 물은 어때요? 아무리 큰 돌을 던져도 '풍덩' 하고 난 후에는
다시 고요해지지요. 단편적인 일에 일희일비하지 않고 평안함을 유
지하는 마음입니다. 그럴 수 있는 마음의 힘이지요.

어떻게 그 호연지기를 기를 수 있느냐는 말에 맹자가 답하고 있습
니다. 오랫동안 의(義)와 도(道)를 실천해야 생겨나는 겁니다. 표현
은 그렇게 했지만 쉽게 말하면 일상생활 속에서 인의예지(仁義禮
智)를 잘 실천해야 한다는 것이지요.

그렇게 하지 못하는 사람은 뇌(餒)하다고 합니다. 뜻은 '주린다'는
뜻인데, 호연지기가 공급되지 않는다는 것이지요.
몇 번 의를 행했다고 갑자기 생기는 것도 아니라고 합니다.

호연지기를 기른다고 산과 들을 다니거나, 술을 마시면서 기분이
좋아 의기투합을 하거나, 멋진 발성으로 육성지휘 연습을 하는 것
은 호연지기와 상관없습니다.

자기의 마음에 스스로 거리낌이 없어야 하고,
타인을 대할 때도 거리낌이 없어야 합니다.
자기 수양을 열심히 쌓아서 매일 반성하고 정진해야 가능한 일이
지요.
그것이 호연지기를 기르는 방법입니다.

그렇게 되면 큰 물이 그러한 것처럼,
이것저것 불편함이 있어도 다 품을 수 있고,
일희일비하지 않으며 살 수 있는 거랍니다.

以力假仁者는 霸니 霸必有
써 힘 거짓 어질 사람 으뜸 으뜸 반드시 있을
이 력 가 인 자 패 패 필 유
ㄴ, 힘으로써 ㄴ, 인을 가장하는 자는 ㄴ, 패이니 ㄴ, 패는 반드시 있다

大國이요 以德行仁者는 王이니
큰 나라 써 덕 행할 어질 사람 임금
대 국 이 덕 행 인 자 왕
ㄴ, 대국이 ㄴ, 덕으로써 ㄴ, 인을 행하는 자는 ㄴ, 왕이니

王不待大라 湯以七十里하시고
임금 아닐 갖출 큰 넘어질 써 일곱 열 마을
왕 부 대 대 탕 이 칠 십 리
ㄴ, 왕은 갖추지 않는다 ㄴ, 큰 (나라를) ㄴ, 탕왕이 ㄴ, (나라가) 칠십 리였고

文王以百里하시니라.
글월 임금 써 백 마을
문 왕 이 백 리
ㄴ, 문왕이 ㄴ, (나라가) 백 리였다.

힘으로 인을 가장하는 자는 패(霸)니 패(霸)는 반드시 대국이 필요하다.

덕으로 인을 행하는 자는 왕이니 왕은 큰 것을 갖추지 않는다. 탕왕이 칠십 리를 가지고 하셨고 문왕이 백 리를 가지고 하셨다.

힘으로 인(仁)을 가장한다는 것은 그것을 흉내내는 것을 말합니다. 진실로 인(仁)을 실천하는 것이 아니고요.

진정으로 인을 실천하기 위해서는 부하들 한 사람 한 사람을 다 존중하고 인격체로 대우해야지요. 부하들을 '아랫것'으로 여기고, 내가 너보다 뛰어난 인간이라고 생각하면 진정한 인의 실천을 기대하기 어렵습니다.

자기를 훌륭하고 어진 사람으로 평가받고 싶은 사람, 그러면서도 자기의 세를 과시하고 싶은 사람은 자신의 허세를 위해 큰 것이 필요합니다. 여기에서는 나라를 이야기하고 있지요.

당시의 나라는 요즘보다 비교적 작은 규모였던 것 같네요.

덕으로 인을 실천하는 사람은 진정으로 인을 실천하는 사람입니다. 탕왕과 문왕의 이야기가 나오는데요, 선정을 베풀었던 왕으로 알려져 있지요. 당시 나라가 칠십 리, 백 리였다 하니, 약 30~40Km 정도였겠네요.

큰 조직을 지휘하는 사람만이 덕을 바탕으로 인을 실천할 수 있는 것은 아닙니다. 가장 작지만 중요한 조직이 뭐겠어요? 가족이지요. 엄마, 아빠로서, 자식으로서 인을 실천할 수 있습니다.

덕으로 인을 실천하는 것에는 크고 대단한 것이 필요하지 않습니다. 수 명을 거느린 분대장이라도 진실한 마음만 있다면 인(仁)을 실천하기에 충분해요.

以 力 服 仁 者 는
써 힘 복종할 어질 사람
이 력 복 인 자
ㄴ, 힘으로써   ㄴ, 복종하게 하는 자는

非 心 服 也 라
아닐 마음 복종할 조사
비 심 복 야
ㄴ, 마음에서 우러나오는 복종이 아니다.

力 不 贍 也 요
힘 아닐 넉넉할 조사
역 불 섬 야
ㄴ, 힘으로는 넉넉하지 않다

以 德 服 人 者 는
써 덕 복종할 사람 사람
이 덕 복 인 자
ㄴ, 덕으로써   ㄴ, 사람을 복종시키는 자는

中 心 悅 而 誠 服 也 니
가운데 마음 기쁠 접속사 정성 복종할 조사
중 심 열 이 성 복 야
ㄴ, 마음이 기뻐   ㄴ, 정성스럽게 복종하는 것이다

如 七 十
같을 일곱 열
여 칠 십
ㄴ, ~와 같다

子 之 服 孔 子 也 라
아들 조사 복종할 구멍 아들 조사
자 지 복 공 자 야
ㄴ, 칠 십 제자가 공자에게 복종하던 것과

詩 云 自 西
시 이를 스스로 서녘
시 운 자 서
ㄴ, 시경에 이르기를

自 東 하며
스스로 동녘
자 동
ㄴ, 서에서 동까지

自 南 自 北 이
스스로 남녘 스스로 북녘
자 남 자 북
ㄴ, 남에서 북까지

無 思
없을 생각할
무 사
ㄴ, 생각하지 않음이 없다

不 服 이라하니
아닐 복종할
불 복
ㄴ, 불복종하는 것을

此 之 謂 也 니라
이 조사 이를 조사
차 지 위 야
ㄴ, 이를 두고 이르는 말이다.

힘으로 남을 복종시키는 것은 마음에서 나오는 복종이 아니다. 힘으로는 충분하지 않다. 덕으로 복종을 시키는 자는 마음이 기뻐 정성으로 복종하는 것이니, 70명 제자가 공자에게 복종하는 것과 같다. 시경에 말하기를 동에서 서까지, 남에서 북까지 복종하지 않는 자가 없다 했으니 이를 말한 것이다.

힘으로 복종시키는 사람을 부하들은 다 압니다. 그 사람이 정말로 우리를 생각해주는 것인지, 생각해주는 척하는 것인지 말이에요. 솔직히 말하면, 어린아이들도 다 압니다. 마음이 다 통하잖아요. 그것을 다 큰 성인인 부하들이 모르겠어요?

강압으로 지휘하는 사람은 위기의 상황을 극복하지 못합니다. 저 사람 말 듣다가 내가 죽게 생겼는데 말 듣겠어요? 내가 희생하더라도, 그만한 가치가 있는 것에 희생해야지요. 그렇지도 않은 알량한 저 사람의 말에 내가 희생하겠냐는 겁니다.

이순신 장군이 명량해전에서 싸우셨던 모습을 잘 아시지요. 이순신 장군이 당시 엄하게만 하고 부하들을 질책하며 앞세웠다면 명량해전 같은 극적인 승리는 없었을 겁니다.

부하들은 두려웠지요. 그렇지만 이순신 장군은 그런 부하들을 비겁하다고 탓하지 않습니다. 당신 스스로도 두려웠거든요. '두려움을 용기로 바꾸기 위해서는 내가 죽어야겠지' 하시던 영화 대사가 참으로 인상적이었습니다. 그리고는 당신께서 직접 최전방에 나아가 싸우시는 겁니다.

이순신 장군이 두려워하는 부하들을 이해해 주고 '나 역시 그러하지만, 나라를 지키기 위해서!' 한 몸 바쳐 싸우시는 모습에 부하들은 감동하여 죽기를 각오하고 싸우게 되는 겁니다.

仁 者 는　如 射 하니　射 者 는
어질 사람　　같을 쏠　　　쏠 사람
인 자　　　　여 사　　　　사 자
ㄴ, 어진 사람은　ㄴ, 활을 쏘는 것과 같으니　ㄴ, 활을 쏘는 자는

正 己 而 後 發 하여　發 而 不 中 이라
바를 자기 접속사 뒤 쏠　　쏠 접속사 아닐 가운데
정 기 이 후 발　　　　발 이 부 중
ㄴ, 바르게 ㄴ, 자신을 ㄴ, 이후 쏘는데　ㄴ, 쏘고나서　　ㄴ, 못 맞추더라도

不 怨 勝 己 者 요
아닐 원망할 이길 자기 사람
불 원 승 기 자
ㄴ, 원망하지 않는다 ㄴ, 자기를 이긴 사람을

反 求 諸 己 而 已 矣 니라
돌이킬 구할 모든 자기 접속사 이미 조사
반 구 제 기 이 이 의
ㄴ, 돌이켜 구함　ㄴ, 모든 것을 자기에게　ㄴ, 그러할 뿐이다.

인자는 활을 쏘는 사람과 같으니, 활을 쏘는 사람은
자신을 바르게 한 뒤 화살을 쏘며,
화살을 쏘아 명중하지 못하더라도
자기를 이긴 사람을 원망하지 않고,
자신을 돌아보아 그 모든 잘못을 반성할 따름이다.

활을 쏘는 비유가 또 나오는군요.

전에 나왔지요? 아무 경쟁이나 하지 말라고 하면서,

활쏘기가 군자의 유일한 경쟁이라고 했었습니다.

인자(仁者)를 활을 쏘는 사람에게 비유하고 있습니다.

몸과 마음을 바르게 하고, 활을 쏘는데, 내가 잘 맞추지 못했군요.

상대방은 표적을 정확히 맞춰서 나를 이겼지요. 그런 상황에서

'내가 저 사람 때문에 졌다'라고 하며 원망하지 않는다는 겁니다.

'나의 몸과 마음이 바르지 않아 잘 맞추지 못했구나!' 라고 해야

지요.

혹시 진급에 비선되거나, 선발이 안 되었거나, 표창을 못 받았다

고 '내가 저 사람 때문에 안 되었다.' 하는 것을 본 적 있나요?

바람직하지 않습니다.

경쟁자의 탓, 다른 사람 탓을 하는 것은 문제 해결에 그다지 도움

이 되지 않습니다.

모든 것을 자신을 돌이켜 반성하고 수긍할 따름이지요.

君子之德 은 風也 요
임금 아들 조사 덕   바람 조사
군   자   지   덕   풍   야
ㄴ 군자의 덕은   ㄴ 바람이고

小人之德 은 草也 니
작을 사람 조사 덕   풀 조사
소   인   지   덕   초   야
ㄴ 소인의 덕은   ㄴ 풀이다

草尚之風 이면 必偃 이라
풀 높을 조사 바람   반드시 누울
초   상   지   풍   필   언
ㄴ 풀 위에 바람이 불면   ㄴ 반드시 그쪽으로 눕게 된다.

군자의 덕은 바람과 같고,

소인의 덕은 풀과 같다.

풀 위에 바람이 더해지면 반드시 그쪽으로 눕게 되는 것이다.

조직과 군대에서 바꾸고 싶은 부분이 많지요.
특히 불합리한 처우를 당할 때 그런 생각을 많이 합니다.
그러나 계급과 직급이 낮고, 나이도 어려 쉽지 않습니다.

세상을 바꾸기 위해 반드시 물리적인 권력이 필요한 것은 아닙니다.
평범한 사람의 지극한 노력이 세상을 바꾸기도 하니까요.
군자와 같은 리더는 자기가 관리하는 조직의 문화를 인의예지에
합치되도록 바꿀 수 있습니다. 아무리 작은 조직이라도요.

그 변화가 소인의 방해 때문에 잘 안 되는 것 같기도 하지만,
군자의 덕은 바람과 같고, 소인의 덕은 풀과 같아서 반드시 그렇
게 됩니다.

그렇다고 소인의 덕을 함부로 대해서는 안 됩니다.
풀 초(草)는 백성을 나타내는데요, 백성들의 마음, 민심은
곧 천심이지요. 하늘의 뜻과 같은 것입니다.

군자의 바람에 풀이 그 방향으로 눕지만, 그렇다고 군자의 바람
이 아무렇게나 막 불면 안 되는 것이지요.
그래서 군자는 더더욱 자기 수양을 쌓아야 합니다.

리더의 역할을 하면서, 여러분은 어떤 바람을 불게 하겠습니까?
그 바람에 따라 눕는 풀들은 평안할까요? 불편할까요?

孟子맹자, 滕文公등문공

居 天 下 之 廣 居 하며
있을 하늘 아래 조사 넓을 있을
거 천 하 지 광 거
ㄴ 거하며 ㄴ 천하의 ㄴ 넓은 집에

立 天 下 之
설 하늘 아래 조사
입 천 하 지
ㄴ 서 있으며 ㄴ 천하의

正 位 하며
바를 자리
정 위
ㄴ 바른 자리에

行 天 下 之 大 道 하여
행할 하늘 아래 조사 큰 길
행 천 하 지 대 도
ㄴ 다니니 ㄴ 천하의 ㄴ 큰 길에

得
얻을
득

志 하여는
뜻
지
ㄴ 뜻을 얻어서는

與 民 由 之 하고
더불어 백성 말미암 조사
여 민 을유 지
ㄴ 백성과 더불어 ㄴ 그것을 말미암고(하고)

不 得 志 하여는
아닐 얻을 뜻
부 득 지
ㄴ 뜻을 못 얻어서는

獨 行 其 道 하니
홀로 행할 그 길
독 행 기 도
ㄴ 홀로 가니 ㄴ 그 길을

富 貴 不 能 淫 하며
풍성할 귀할 아닐 능할 음란할
부 귀 불 능 음
ㄴ 부귀가 ㄴ (나를)음란하게 하지 못하고

貧 賤 不 能 移 하며
가난할 천할 아닐 능할 옮길
빈 천 불 능 이
ㄴ 빈천도 ㄴ (나를) 움직이지 못하며

威 武 不 能 屈 이
위엄 굳셀 아닐 능할 굽을
위 무 불 능 굴
ㄴ 위력으로도 ㄴ (나를) 굴복하지 못함이

此 之 謂 大 丈 夫 니라
이 조사 이를 큰 어른 아비
차 지 위 대 장 부
ㄴ 이를 일컬어 ㄴ 대장부라 한다.

천하의 넓은 집에 거하고, 천하의 바른 자리(禮)에 서며
천하의 큰 길을 가니 그 뜻을 얻으면 백성과 함께 가고,
그 뜻을 얻지 못하면 혼자 그 길을 간다. 부귀도 나를 음란
하게 하지 못하고 빈천도 움직이지 못하며 위세와 무력도 나
를 굴복시키지 못하니 이것이 대장부이다.

진짜 용기를 이야기하면서 대장부 이야기를 했었지요.
이것이 그 원문입니다. 내용을 보니,
잘못 이해하면 독불장군 소리 듣기 십상이겠네요. 어찌 되었든,
남의 이야기를 듣기보다는 자기의 기준이 명확해야 하는 것 같습
니다.

자기의 기준이 명확한 것을 '중심(中心)'이라고 합니다.
마음이 가운데 '중(中)'에 바로 섰다는 것이지요.
무슨 말인지 잘 모르겠지만, 인간본래성을 회복하고
그 인(仁, 사랑)을 실천하는 모습을 말하는 것 같습니다.

하늘의 섭리와 세상의 이치를 깨달아야 가능한 경지이지요.
그러한 경지에 오르게 되면 자기의 기준이 명확해집니다.
그래서 누가 뭐라고 하더라도 그 이야기에 상관없이
스스로 자신의 길을 갈 수 있지요. 독불장군이 아니고요.

군 생활을 하면서 바르게 사는 것은 참으로 중요합니다.
개인과 조직이 국가의 안위를 담당하는 역할을 담당하니까요.

그리고 끊임없이 자기 수양을 쌓아서
대장부 같은 사람이 되어야, 이순신 장군과 같이 나라를 구하는
영웅도 나올 수 있다고 생각합니다.

군인이지만 책도 열심히 보고 많은 고민을 해야 하는 이유가
여기에 있네요.

惟 仁 者 아 　宜 在 高 位 니

오직　어질　사람　　마땅할　있을　높을　자리
유　　인　　자　　　의　　재　　고　　위
ㄴ, 오로지 인자여야　　ㄴ, 마땅히 있다　ㄴ, 높은 자리에

不 仁 而 在 高 位 면

아닐　어질　접속사　있을　높을　자리
불　　인　　이　　재　　고　　위
ㄴ, 불인한 사람이　　ㄴ, 있으면　ㄴ, 높은 자리에

是 는 　播 其 惡 於 衆 也 니라

옳을　　뿌릴　그　악할　조사　무리　조사
시　　　파　　그　　악　　어　　중　　야
ㄴ, 이것은　　ㄴ, 뿌리는 것이다　ㄴ, 그 악을　ㄴ, 무리(백성)에게

오로지 인자가 마땅히 높은 자리에 있어야 하니, 불인한 사람이 높은 자리에 있으면 이는 그 악이 백성들에게 미치게 되는 것이다.

좋은 사람 만나서 근무하는 것이 참 큰 복입니다.

그 사람이 상급자든, 하급자든, 동료든 말이지요.

특히 상급자일 경우에는 그 영향력이 너무나도 크지요.

불인한 사람을 상급자로 둔 조직은 참 힘듭니다.

그나마 업무적인 수완이 좋다면 그래도 나은데, 그렇지도 못하면 정말 대책이 없습니다.

그런 사람에게 논어맹자 좀 알려주면 좋겠는데, 아랫사람들 말을 들을 인품이라면 그 정도까지 가지도 않았겠지요.

사람을 높은 자리에 앉히는 것은 신중해야 합니다.

앞에서도 이야기한 것처럼, 조직 구성원들이 분란을 일으키고 서로 고통을 주는데, 아무 조치도 하지 않는 것은 리더로서 할 바가 아닙니다. 더욱이 그 리더의 흠결로 분란을 일으킨다면 말할 것도 없지요.

부하들에게 존경과 신뢰도 못 받는 리더를 높이 세워놓고, 업무만 잘한다고 곁에 두고 쓰는 것도 바람직하지 않습니다.

왜 그러겠어요? 인간본래성을 망각하고 그 악한 영향력으로 조직을 망가뜨리기 때문입니다.

이 글을 읽는 독자 여러분, 업무 잘한다고 모든 것이 다 충족되는 것이 아닙니다.

존경과 신뢰를 받는 리더가 되시기를 간곡히 부탁드립니다.

그래야 군이 바로 설 테니까요.

孟子맹자, 離婁이루

行 有 不 得 者 어든
행할 있을 아닐 얻을 사람
행 유 부 득 자
ㄴ, 행하고서 ㄴ, 있다면 ㄴ, 얻지 못함이

皆 反 求 諸 己 니
모두 돌이킬 구할 모든 자기
개 반 구 제 기
ㄴ, 모두 돌이켜 ㄴ, 모든 것을 구해야 ㄴ, 자기에게

其 身 正 而 天 下 歸 之 니라
그 몸 바를 접속사 하늘 아래 돌아갈 조사
기 신 정 이 천 하 귀 지
ㄴ, 그 몸이(자신이) ㄴ, 바르면 ㄴ, 천하가 돌아오는 것이다.

행하고서 얻은 것이 없다면

모두 자신에게 돌이켜 찾아야 하니,

자신이 바로 하면 천하가 돌아오는 것이다.

다 같이 힘을 합쳐서 어떤 보고서를 작성했습니다.
최선을 다하고, 심혈을 기울여서, 신중에 신중을 기하면서 작업을 진행했지요.

그런데 생각보다 잘 안 되었어요.
보고를 받은 사람이 방향이 잘못되었다고 하는 겁니다.
자존심에 상처를 받았다고 생각한 리더는 짜증을 내고 질타를 합니다.
자기 화풀이를 하는 거지요.
왜 그럴까요? 공동으로 뜻을 모아서 만들었던 보고서인데요.

비슷한 경우를 겪어본 적이 있습니까?
밑에 있는 사람으로서는 '참 안 좋은 기억'으로 간직할 겁니다.
안타까운 부분은, '참 안 좋은 기억'의 주인공은 절대로 바뀌지 않을 거라는 겁니다. 다시 말하면, 그 사람이 세상을 바꿀 사람은 아니라는 거지요.

세상을 바꿀 사람은 바로 '나'입니다. '당신'이고요.
열심히 노력을 했는데 결과가 좋지 않았다면, 여러분은 먼저 자신이 잘 이끌지 못했다고 고백하고, 어려움을 잘 극복해가자고 '파이팅!' 해주세요.
그러면 천하가, 내 주변과, 내가 속한 조직이 잘 살 겁니다.

孟子맹자, 離婁이루

小 子 아 廳 之 하라
작을 아들 　 들을 조사
소 자 　 청 지
ㄴ, 어린 아이들아　ㄴ, 듣거라

清 斯 濯 纓 이요 濁 斯 濯 足 矣 로소
맑을 이 씻을 갓끈 　 흐릴 이 씻을 발 조사
청 사 탁 영 　 탁 사 탁 족 의
ㄴ, 물이 맑으면 ㄴ, 이 갓끈을 씻고　ㄴ, 물이 흐리면 ㄴ, 이 발을 씻으니

自 取 之 也 라 하시니라.
스스로 취할 조사 조사
자 취 지 야
ㄴ, 스스로 취한 일이다.

어린아이들아, 듣거라.

그 물이 맑으면 내 갓끈을 씻고

그 물이 더러우면 내 발을 씻으니,

스스로 초래한 일이다.

여기에 등장하는 물이 아마도 인격체이고 말을 할 수 있었다면
이런 이야기를 하지 않을까 싶네요.

'왜 저 물은 갓끈을 씻는데, 왜 나에게는 더러운 발을 씻나요?'
갓끈은 얼굴에 닿는 부분이니 깨끗한데,
발은 상대적으로 더러우니까요.
볼멘소리를 하는 거지요. 왜 나만 이렇게 푸대접하느냐는 겁니다.

젊었을 때 열심히 일을 했지만 인정을 받지 못했나요?
나이가 들어서는 젊은 사람들이 대접을 잘 해주지 않나요?

스스로 취한 것일 따름입니다. 자초한 일이지요.
어떤 사람들은 저 사람에게나, 나에게 똑같은 대우가 주어져야
한다고 생각할 수 있습니다. 저 역시도 그럴 때가 있지요.
그러나 차이가 생기기 마련이고, 억한 심정이 생기기도 합니다.
아무리 그래도 자초한 것일 따름이지요.

계속 이야기 나오지만, 옛 성인들의 말씀이 참으로 냉혹합니다.
자기 스스로에게 혹독하리만큼 엄하게 하라고 하시거든요.

天 作 孽 은   猶 可 違 어니와

하늘   지을   무너질   오히려   옳을   어길
천   작   얼   유   가   위
ㄴ, 하늘이 지은 재앙은   ㄴ, 오히려 가능하다 ㄴ, 피할 수

自 作 孽 은   不 可 活 이라

스스로   지을   무너질   아닐   옳을   살
자   작   얼   불   가   활
ㄴ, 스스로 지은 재앙은   ㄴ, 불가하다   ㄴ, 살아남기가

하늘이 지은 재앙은 오히려 피할 수 있거니와,

스스로 지은 재앙은 피하여 살아남을 수 없다.

어떤 분이 그런 말씀을 하시더군요.

옛 성인들의 말씀을 계속 공부하다 보면, 하늘 무서운 줄 알게 된다고요. 전에는 아무것도 몰라서 죄를 지어도 마음에 아무런 거리낌이 없었는데, 공부를 조금 해서 알게 되니까 더 힘들어진다고 합니다. 정말 그렇습니다.

그러나 그렇게 해서 더 큰 죄를 짓지 않으면 참 다행입니다.
작은 죄를 짓고도 부끄러움이 없어 작은 것부터 쌓이고 쌓여서 큰 죄를 짓게 되면 그 끝에는 더 큰 치욕이 기다리고 있습니다.

하늘이 내리는 재앙은 기상 등 자연 현상과 관련된 것들이 많지요.
사람들은 어떻게 해서라도 그 어려움을 극복하고 살아갑니다.

자기가 만든 재앙은 그것을 피해 살아남을 수 없습니다.
죄짓지 말고 살아야 합니다.

죄를 짓는 것은 법규를 위반하는 것만을 의미하는 것이 아닙니다.
'인간본래성'에 어긋나는 모든 것이 죄입니다.
가시 돋친 말로 상처를 주는 것, 짜증 내는 것, 자기가 할 바를 하지 않아서 다른 사람을 힘들게 하는 것...

경찰서에 끌려가지는 않더라도 자기가 지은 재앙을 피할 수는 없습니다.

桀 紂 之 失 天 下 也 는 失 其 民 也 니
왕이름 주임금 조사 잃을 하늘 아래 조사 　 잃을 그 백성 조사
걸 주 지 실 천 하 야 　 실 기 민 야
ㄴ 걸왕과 주왕이 　 ㄴ 천하를 잃은 것은 　 ㄴ 백성을 잃었기 때문이다.

失 其 民 者 는 失 其 心 也 라 得 天 下
잃을 그 백성 사람 　 잃을 그 마음 조사 　 얻을 하늘 아래
실 기 민 자 　 실 기 심 야 　 득 천 하
ㄴ 백성을 잃었다는 것은 　 ㄴ 그 마음을 잃었다는 것이다. 　 ㄴ 천하를 얻는데

有 道 하니 得 其 民 이면 斯 得 天 下 矣 리라
있을 길 　 얻을 그 백성 　 이 얻을 하늘 아래 조사
유 도 　 득 기 민 　 사 득 천 하 의
ㄴ 방법이 있으니 　 ㄴ 그 백성을 얻으면 　 ㄴ 이것이 천하를 얻는 것이다.

得 其 民 이 有 道 하니 得 其 心 이면
얻을 그 백성 　 있을 길 　 얻을 그 마음
득 기 민 　 유 도 　 득 기 심
ㄴ 그 백성을 얻는 것이 　 ㄴ 방법이 있으니 　 ㄴ 그 마음을 얻으면

斯 得 民 矣 리라 得 其 心 이 有 道 하니
이 얻을 백성 조사 　 얻을 그 마음 　 있을 길
사 득 민 의 　 득 기 심 　 유 도
ㄴ 이것이 백성을 얻는 것이다. 　 ㄴ 그 마음을 얻는데 　 ㄴ 방법이 있으니

所 欲 을 與 之 聚 之 요 所 惡 를
바 하고자 　 더불 조사 모을 조사 　 바 싫어할
소 할욕 　 여 지 취 지 　 소 오
ㄴ 하고자 하는 바를 　 ㄴ 더불어 모아주고 　 ㄴ (백성들이) 싫어하는 바를

勿 施 爾 也 니라
말 베풀 그 조사
물 시 이 야
ㄴ 마라 ㄴ 그들에게 베풀지

걸·주가 천하를 잃은 것은 그 백성을 잃었기 때문이니 그 백
성을 잃은 것은 그 백성의 마음을 잃은 것이다. 천하를 얻는
방법이 있으니, 그 백성을 얻으면 천하를 얻는 것이다. 백성
을 얻는 방법이 있으니, 백성의 마음을 얻는 것이다. 마음을
얻는 방법이 있으니, 백성이 원하는 바를 모아주고 백성이 싫
어하는 것을 그들에게 베풀지 말아야 한다.

걸(桀) 임금은 하(夏)나라, 주(紂) 임금은 은(殷)나라 왕이었습니다.
각각 마지막 왕이었지요. 잘못한 것이 많았답니다.
그 이유를 한 마디로 이야기하고 있네요.
천하를 잃은 것은 '백성을 잃었기 때문'이라고요. 백성을 잃은 것
은 그 백성의 마음을 잃은 것이지요. 참 중요한 점을 시사하고 있
습니다.

군 리더가 부하들의 마음을 잃는 것은 참 안타까운 일입니다.
전투력을 향상한다는 것은 그냥 괴롭히라는 말이 아닙니다.
전투력을 향상하기 위해 정말 힘든 것은 감수해야지요. 그러나
의미 없이 감정이나 사사로움에 치우쳐 부하들이 싫어하는 바를 행
하고 부하들을 힘들게 하는 것은 리더의 자질이 부족한 것입니다.

가끔 보면 주변 사람들을 힘들게 하면서도 스스로는
그것을 모르는 사람들이 있습니다. 그것이 그 사람의 개성이고
리더십인 것처럼 합리화를 하는데, 바람직하지 않습니다.

백성의 마음을 얻기 위해서는 뭐라고 합니까? 그 바라는 바를 모
아서 해주고, 싫어하는 것은 하지 말라고 하잖아요. 그것이 전투
준비도 안 하고 편히 놀기만 하라는 것은 아니지요. 힘든 전투준
비를 하더라도 최대한 잘할 수 있는 방법으로 하라는 것입니다.
그것이 리더의 역할이지요.

어려운 임무는 항상 있습니다. 어려운 임무를 부족한 리더의 자질
로 인해 더 어렵게 만들지 마세요. 수기안인(修己安人)의 자세로
어려운 임무를 마쳤을 때는 전투력이 더욱 향상되어야 합니다.
그래야 '저 사람과 함께하면 승리하겠구나!'라며 부하들의 마음을
얻는 거지요.

孟子맹자, 離婁이루

孟 子 曰　　自 暴 者는　　不 可 與
맏 아들 말할　　스스로 사나울 사람　　아닐 옳을 더불
맹 자 왈　　자 포 자　　불 가 여
ㄴ, 맹자가 말하기를　ㄴ, 스스로 사나운 사람은　ㄴ, 할 수 없다　ㄴ, 더불어

有 言 也요　　自 棄 者는
있을 말씀 조사　　스스로 버릴 사람
유 언 야　　자 기 자
ㄴ, 말을 해줄 수　　ㄴ, 스스로 버리는 사람은

不 可 與 有 爲 也니
아닐 옳을 더불 있을 할 조사
불 가 여 유 위 야
ㄴ, 불가하다　ㄴ, 더불어 해줄 것이

言 非 禮 義를　　謂 之 自 暴 也요
말씀 아닐 예질 풍속　　이를 조사 스스로 사나울 조사
언 비 예 의　　위 지 자 포 야
ㄴ, 말이 예의에 맞게 하지 못하는 것이　ㄴ, 이를 이르러　ㄴ, '자포'라 하고

吾 身 不 能 居 仁 由 義를
나 몸 아닐 능할 거할 어질 말미암 옳을
오 신 불 능 거 인 을유 의
ㄴ, 나 스스로　ㄴ, 못하겠다　ㄴ, 인에 거하고　ㄴ, 의를 행하는 것을

謂 之 自 棄 也니라
이를 조사 스스로 버릴 조사
위 지 자 기 야
ㄴ, 이를 이르러　ㄴ, '자기'라고 한다.

맹자가 말하기를 자포자(스스로 사납게 하는 자)는 그에게 더불어 해줄 말이 없고 자기자(스스로 버리는 자)는 그에게 더불어 해줄 것이 없다. 예의 없게 말을 하는 것이 자포이며 거인유의(居仁由義)를 하지 못하겠다 하는 것이 자기이다.

자포자기(自暴自棄)한다는 말이 여기서 나온 말입니다.

스스로 의지가 없는 사람은 뭐를 어떻게 해줄 수 없지요.

거인유의(居仁由義), 인(仁)에 거하고 의(義)를 말미암는다, 실천한다는 뜻입니다. 인(仁)을 집으로 비유하고 의(義)를 길에 비유하는 말입니다. 우리가 항상 살고 있고, 다니는 길처럼 인의(仁義)를 실천해야 한다는 의미입니다.

그런데 그것이 참 쉽지 않습니다. 내가 하고 싶은 말이 있어도 참고, 상대방을 배려하고 그러려면 내가 불편하고 힘들잖아요. 그것을 감수해야지요.

그것을 못 하겠다는거에요. 자포자기한다는 의미가요.

'힘들고 불편한데, 왜 내가 그것을 해야 해? 사람이 살면서 하고 싶은 말도 제대로 못 해?' 날 선 항변에, 그와 더불어 해줄 말이 없고 해줄 수 있는 것이 없습니다.

인간본래성을 회복하려는 노력은 힘들고 불편해요.

그렇지만 노력해야 하는 겁니다. 그게 하늘이 우리에게 주신 본래 모습이니까요.

그런 것을 모르니, 이 힘들고 불편한 것을 왜 감수해야 하는지 이유와 의미가 없어서 동기부여가 안 되는 거지요.

자포자기자가 안 되려면, 내가 나 스스로 잘난 것이 아닌 것과, 나 혼자 스스로 커 온 것이 아닌 것과, 하늘이 준 내 원래 모습은 그런 모습이 아닌 것을 알아야 합니다.

人 不 足 與 適 也 며　政 不 足
사람 아닐 족할 더불 지적할 조사　다스릴 아닐 족할
인　부　족　여　적　야　　정　부　족
ㄴ 사람은　ㄴ 부족하다　ㄴ 더불어 지적하기　　ㄴ 정치는 ㄴ 부족하다

與 間 也 라　惟 大 人 이아　能 爲
더불 간할 조사　오직 큰 사람　능할 할
여　간　야　유　대　인　능　위
ㄴ 더불어 간언하기　ㄴ 오직 대인이어야　ㄴ 능히 할 수 있다.

格 君 心 之 非 니　君 仁 이면
바로잡 임금 마음 조사 아닐　임금 어질
을 격　군　심　지　비　군　인
ㄴ 바로잡다 ㄴ 군주의 마음　ㄴ 그릇됨　ㄴ 임금이 어질면

莫 不 仁 이요　君 義 면　莫 不 義 요
없을 아닐 어질　임금 옳을　없을 아닐 옳을
막 불　인　군　의　막 불　의
ㄴ 어질지 않음이 없고　ㄴ 임금이 옳으면　ㄴ 옳지 않음이 없고

君 正 이면　莫 不 正 이니
임금 바를　없을 아닐 바를
군　정　막 부　정
ㄴ 임금이 바르면　ㄴ 바르지 않음이 없으니

一 正 君 而 國 定 矣 니라
한 바를 임금 접속사 나라 정할 조사
일　정　군　이　국　정　의
ㄴ 한 명의 바른 군주가　ㄴ 나라를 정하는 것이다.

사람은 모든 것을 지적할 수 없고, 정사는 모든 것을 간할 수 없다. 오직 대인이어야 군주의 그릇된 마음을 바로잡을 수 있다. 군주가 어질면 어질지 않음이 없고, 군주가 옳으면 옳지 않음이 없고, 군주가 바르면 바르지 않음이 없으니 한 명의 바른 군주가 나라를 (바르게) 정하는 것이다.

리더가 잘못된 짓을 하거나 잘못된 정책을 편다고
그것을 하나하나 뭐라고 할 수 없습니다.
근본이 되는 본래성을 좋게 하고 그 마음을 바로잡게 해야지요.

'오직 대인이어야' 그것이 가능하다고 하는데요,
잘은 모르겠습니다만, '대인(大人)'이 정말 대단한 사람 같습니다.
아마도 하늘의 말씀을 훤히 꿰뚫고 있는 성인이겠지요.
그렇지 않고서야 어떻게 군주 마음의 그릇됨을 바로잡겠습니까?
이 사서삼경의 문구들이 바로 그런 역할을 하는 것입니다.

그렇게 해서 군주가 마음을 바르게 하면,
그 밑에 있는 사람들은 자연히 다 그렇게 된다는 말입니다.
그러니 한 나라의 정위(正位, 바른 위치)를 정(定)하는 것이
한 명의 바른 군주로부터 비롯되는 것이지요.

분대는 한 명의 분대장에게, 소대는 한 명의 소대장에게, 중대는 한
명의 중대장에게 달려있습니다. 어떤 조직이라도 마찬가지이지요.

마음이 강퍅(까다롭고 고집이 셈)하여 이런 이야기를 받아들이지
못하면, 그 사람이 있는 조직은 바른 위치를 찾지 못하고,
(군대로 말하면 전투력 발휘도 제대로 안 되고)
구성원들이 불인(不仁)하고 불의(不義)하고 부정(不正)하게 됩니다.

제발 부탁하는데, 여러분은 그렇게 되지 않기를 바랍니다.

孟 子 曰　 人 有 不 爲 也 而 後

맏 아들 말할　 사람 있을 아닐 할　 조사 접속사 뒤
맹 자 왈　 인 유 불 위　 야 이 후

ㄴ, 맹자가 말하기를　 ㄴ, 사람이 ㄴ, 하지 않는 것이 있어야　 ㄴ, 이후에

可 以 有 爲 　니라.

옳을 써 있을 할
가 이 유 위

ㄴ, 가히　 ㄴ, 하는 것이 있다.

맹자가 말하기를 사람이 하지 않는 것이 있어야
이후에 가히 하는 것이 있다.

세상의 모든 일을 자신이 다 할 수는 없습니다. 아주 허황한 일이죠. 어떤 부대나 조직에서조차도 당연히 그렇습니다.

하지 않는 것이 있다는 것은 잘 가려서 선택할 수 있는 능력이 있다는 의미입니다. 중요한 것이 무엇인지 안다는 것이지요. 그런 능력이 없는 사람은 어떤 것을 하지 않았다가 혹시 자기가 책임을 지게 될까 두려워합니다. 그래서 결단을 내리기 어렵지요.

예를 들어 사단에서 중대급의 할 일을 일일이 다 지시한다고 해 봅시다. 아주 끔찍한 일입니다. 아무리 지시를 한다고 해도 지시의 양만 많아지고 그것을 전파, 확인하는 실무자만 힘들어질 뿐이지요. 부대의 전투력을 향상시키는 데에는 아무런 도움이 되지 않습니다.

지시를 무분별하게 많이 하는 사람들은 대부분 '하지 않을 것'(불위, 不爲)을 잘 가리지 못하는 사람들입니다. 자기가 지시를 하지 않으면 조직이 안 돌아간다고 생각하고, 투철한 사명감에 많은 지시를 하지요. 혹시 어떤 일이 발생하면 '나는 분명히 이런 지시 했다!'라고 이야기하고 싶은 건가요? 그래서 책임이 면해집니까?

제대별로 역할이 나누어져 있습니다. 논어에서 이야기 나왔던 것처럼, 사단은 사단답고, 여단은 여단답고, 대대는 대대답고, 중대는 중대다워야 합니다. 그것은 제대별로 할 일을 하라는 것이지요.
정말 해야 할 것은 하고, 하지 말아야 할 것은 예하부대에 위임해야 합니다.

孟子맹자, 離婁이루

原泉이 **混混**하여 **不舍晝夜**하여
근원 샘 / 섞을 섞을 / 아닐 집 낮 밤
원천 / 혼 혼 / 불 사 주 야
ㄴ 원천, 옹달샘 / ㄴ 물이 졸졸 흐르는 모습 / ㄴ 머물지 않고 / ㄴ 낮, 밤으로

盈科而後에 **進**하여 **放乎四海**하나니
찰 구덩이 접속사 뒤 / 나아갈 / 놓을 조사 넷 바다
영 과 이 후 / 진 / 방 호 사 해
ㄴ 구덩이를 채운 이후에 / ㄴ 계속 흐르며 / ㄴ 놓아지니 / ㄴ 사해에 이르러

有本者 如是라 **是之取爾**시니라
있을 근본 사람 / 같을 옳을 / 옳을 조사 취할 가까울
유 본 자 / 여 시 / 시 지 취 이
ㄴ 근본이 있는자 / ㄴ 이와 같아 / ㄴ 이것을 / ㄴ 가까운 것에서 취했다(설명했다)

苟爲無本이면 **七八月之間**에
진실로 할 없을 근본 / 일곱 여덟 달 조사 사이
구 위 무 본 / 칠 팔 월 지 간
ㄴ 진실로 근본이 없으면 / ㄴ 7~8월간에

雨集하여 **溝澮皆盈**이나 **其涸也**는
비 모을 / 도랑 도랑 모두 찰 / 그 마를 조사
우 집 / 구 회 개 영 / 기 학 야
ㄴ 비가 와서 / ㄴ 도랑을 모두 채우나 / ㄴ 그 마르는 것은

可立而待也라 **故**로 **聲聞過情**을
옳을 설 접속사 기다릴 조사 / 옛 / 소리 들을 지날 본성
가 립 이 대 야 / 고 / 성 문 과 정
ㄴ 가히 서서도 / ㄴ 기다릴 수 있다 / ㄴ 그런 고로 / ㄴ 소문이 / ㄴ 본성보다 지나침을

君子恥之니라
임금 아들 부끄러 조사
군 자 울치 지
ㄴ 군자는 부끄러워 하는 것이다.

원천이 샘솟아 주야에 머무르지 않고 구덩이가 찬 후에 흐르며 사해에 이르니 근본이 있는 자가 이와 같아 그것을 들어 설명하였다.

진실로 근본이 없으면 7, 8월에 비가 와서 도랑이 채워지나 그 마르는 것은 서서도 기다릴 수 있다. 그래서 소문이 실제보다 지나침을 군자는 부끄러워하는 것이다.

내가 좀 나아 보이면 입지와 영향력이 커질까 싶어서
좀 아는 척 좀 하고 그럴 때가 있지요. 참 알량한 일입니다.
얼마 지나지 않아서 다들 알게 되거든요. 민망하지요.
근본이 깊지 못한 사람을 여기서는 이렇게 표현하고 있네요.
'7, 8월에 비가 내려 물이 고여 흘러도, 그 마르는 것은 서서도 기
다릴 수 있다.' 어찌 이렇게 표현했을까요?

근본이 깊은 사람은 섣불리 어떤 말을 하지 않습니다.
가만히 있어도 그 향기가 나지요. 근본이 깊은 사람이 되어야 합
니다. 그렇게 되지 않고서 어떤 말을 하면 득보다 실이 많을 수
있습니다.

스스로 자화자찬을 하는 것만큼 우스꽝스럽게 보이는 것도 없습
니다. 그러나 근본이 없으면서 잘 보이고 싶은 사람은 그것마저도
주저하지 않지요. 그런 말들이 사람들을 멀어지게 하는 것도 모
르면서요.

내가 잘난 것을 사람들이 알아주지 않습니까?
사람들이 나의 훌륭한 생각을 몰라주고 욕하고 때리기만 하나요?

괜찮습니다. 욕하면 욕먹고, 때리면 맞으세요. 근본을 깊게 하는
데에만 신경 쓰세요. 공부하고 수양을 쌓는 거지요.

소문이 실제보다 크게 되어 부끄러운 것보다는
차라리 그게 나을 겁니다.

西 子　　蒙 不 潔　이면
서녘　아들　　뒤집어　아닐　깨끗할
서　　자　　　쓸 몽　불　　결
ㄴ, 서시라는 미인　　ㄴ, 불결한 것을 뒤집어쓰면

則 人 皆 掩 鼻 而 過 之　니라
곧　사람　모두　가릴　코　접속사　지날　조사
즉　인　개　엄　비　이　과　지
ㄴ, 그러면　ㄴ, 사람들 모두　ㄴ, 코를 막고　　ㄴ, 지나간다

雖 有 惡 人　이라도　齊 戒 沐 浴　이면
비록　있을　악할　사람　　가지런　조심할　머리감　목욕할
수　유　악　인　　할제　계　을목　욕
ㄴ, 비록　ㄴ, 죄가 있는 사람이라도　ㄴ, 마음을 가지런히 하고 조심 ㄴ, 목욕하고

則 可 以 祀 上 帝　니라
곧　옳을　써　제사　윗　임금
즉　가　이　사　상　제
ㄴ, 그러면 가히　　ㄴ, 상제(하늘)에 제사를 드릴 수 있다.

서시(당시 최고의 미인)라도 불결한 것을 뒤집어쓰면
사람들이 다 코를 막고 지나간다.
비록 악인이라도 목욕 제계를 하면
가히 하늘에 제사를 지낼 수 있다.

당시에 '서시'라는 이름을 가진 미인이 있었다고 합니다.
당대 최고의 미인이라도 불결한 것, 오물을 뒤집어쓰면 냄새가 나니, 사람들이 코를 막고 지나간다는 것이지요.

물론 말이 그렇지, 실제 그런 상황이면 어떤 도움을 주었겠지요.
여기서 말은 그 말이 아니고, 사람 겉으로 드러나는 모습, 살면서 만드는 허물을 이야기하는 것입니다. 인간본래성은 그것과 상관이 없다는 거에요.

살면서 허물과 죄가 없는 사람은 거의 없을 겁니다.
그러나 그것 때문에 하늘이 주신 인간본래성이 망가지는 것은 아닙니다. 내 인생에 씻지 못할 오점이 생겼나요? 그것 때문에 너무나도 아픈가요? 사람들 앞에 나서지 못하겠나요? 사람들이 나에게 손가락질하는 것 같은가요?

아무리 죄와 허물이 있는 사람이라도, 솔직하게 그것을 마주하고, 반성하고, 몸과 마음을 가지런히 하면, 하늘에 제사드릴 수 있습니다. 조물주와 마주할 수 있다는 거지요.
겉으로 나타나는 허물, 인생의 굴곡, 내가 지었던 죄악...
그것 때문에 스스로 자신을 힘들게 하지 마세요.

괜찮습니다. 괜찮습니다.

智 를 譬 則 巧 也 요
지혜 비교할 곧 기교 조사
지 비 즉 교 야
ㄴ, 지혜를　　ㄴ, 비교하자면　ㄴ, 기교이고

聖 을 譬 則 力 也 니
성스러 비교할 곧 힘 조사
울 성 비 즉 력 야
ㄴ, 성정이 바름　ㄴ, 비교하자면　ㄴ, 힘이니

由 射 於 百 步 之 外 也 하니
말미암 궁술 조사 백 걸음 조사 밖 조사
을 유 사 어 백 보 지 외 야
ㄴ, 활을 쏘는데　　ㄴ, 백보 밖에서

其 至 는 爾 力 也 어니와
그 이를 너 힘 조사
기 지 이 력 야
ㄴ, 화살이 이르는 것은　ㄴ, 너의 힘이거니와

其 中 은 非 爾 力 也 니라
그 가운데 아닐 너 힘 조사
기 중 비 이 력 야
ㄴ, 화살이 명중하는 것은　　ㄴ, 너의 힘만 가지고 되는 것은 아니다.

지혜를 비교하면 기술과 같고

바른 성정을 비교하면 힘과 같다.

백 보 밖에서 활을 쏘는데 그 화살이

표적에 이르는 것은 너의 힘이지만

그것을 명중시키는 것은 너의 힘만 가지고 되는 것은 아니다.

성정이 바르고 착한 사람은 좋은 평가를 받지요.
그러나 그것만 가지고 충분한 것은 아닙니다.
군과 조직에서 쓰임 받는 사람은 착하기만 해서는 안 됩니다.

지혜를 겸비해야 하지요. 군으로 말하자면 전투력을 창출해낼 수 있는 능력이 필요하다는 것입니다. 마냥 착한 사람은 조직을 발전시키기보다 현상을 유지할 뿐입니다.

군과 조직을 둘러싼 환경은 시시각각 변화하고, 사람들도 바뀝니다. 그래서 지속적인 훈련을 통해서 그 전투력을 유지하는 노력을 하는 거지요. 그것도 매번 같은 방법이 아니라, 끊임없이 새로운 방법으로 말이에요.

실전적인 방법이 필요합니다. 실전적인 방법을 찾기 위해서는 전장의 그림을 잘 그려야 하지요. 그래야 훈련을 그렇게 시킬 수 있으니까요. 그런 것을 하기 위해서 리더에게는 매우 큰 노력과 지력(智力, 생각할 수 있는 능력)이 필요합니다.

그래서 성정이 착한 것은 화살을 표적까지 이르게 할 수는 있어도 지혜가 따라주지 않으면 명중할 수 없다고 하는 것입니다.

어떤 사람이 되어야 할까요?
어떤 사람을 훌륭하게 생각해야 할까요?

用 下 敬 上 을 謂 之 貴 貴 요
쓸 아래 공경할 윗 이를 조사 귀할 귀할
용 하 경 상 위 지 귀 귀
ㄴ, 아랫사람을 써서 ㄴ, 윗사람을 공경 ㄴ, 이르러 ㄴ, 귀한 것을 귀하게 하는 것이고

用 上 敬 下 를 謂 之 尊 賢 이니
쓸 윗 공경할 아래 이를 조사 높을 어질
용 상 경 하 위 지 존 현
ㄴ, 윗사람을 써서 ㄴ, 아랫사람을 공경 ㄴ, 이르러 ㄴ, 어진이를 높이는 것이니

貴 貴 , 尊 賢 이 其 義 一 也 니라
귀할 귀할 높을 어질 그 옳을 한 조사
귀 귀 존 현 기 의 일 야
ㄴ, 귀귀와 ㄴ, 존현은 ㄴ, 그 의가 하나이다.

아랫사람이 윗사람을 공경하는 것은
귀한 사람을 귀하게 여기는 것(귀귀, 貴貴)이요,
윗사람이 아랫사람을 공경하는 것은
어진 이를 높이는 것(존현, 尊賢)이니,
귀귀(貴貴)와 존현(尊賢)은 그 의가 하나이다.

군대와 조직에서 통상 윗사람에 대한 예의와 예절은 아주 철저하게 교육을 받습니다. 그러나 예의와 예절이 윗사람에게만 해당하는 것은 아닙니다. 사람과 사람 간의 관계에서 필요한 것이지요. 윗사람을 잘 모셔야 한다는 의식은 대다수 사람들이 투철하지만, 아랫사람을 잘 대해주어야 한다는 생각은 상대적으로 덜한 것 같습니다. 이 문구에서 맹자는 '귀귀'와 '존현'이 하나라고 하시네요.

내가 한 명의 인간으로서, 내 부하인 어떤 사람보다, 인간 대 인간으로서 더 낫다고 할 수 있습니까?
그렇지 않습니다. 내가 먼저 태어나서 나이도 많고, 군대 일찍 와서 직책과 계급이 높지만, 인간 대 인간으로 내가 더 뛰어나다고 어떻게 이야기하겠어요? 다 같은 인간으로서 존중해 주어야지요.

한 살, 두 살 차이가 큽니까? 아무리 나이 차이가 많이 나더라도 다 같이 늙어가고, 다 같이 친구 될 수 있는 사람들입니다.
'내가 나이가 많아서, 계급과 직책이 더 높아서, 내가 너보다 더 훌륭한 사람이다. 그러니까 너는 내 말을 따라야지!'
이렇게 이야기를 하는 사람에게는 어떤 말을 해주어야 할지 모르겠습니다.

귀귀와 존현은 하나의 근본에서 나온 것입니다. 귀귀만 잘하는 것은 그 근본도 알지 못하고 겉치레로 하는 것이에요. 귀귀를 잘한다면, 그만큼 존현도 잘하기 바랍니다.

孟子맹자, 告子고자

體 有 貴 賤 하며　有 小 大 하니　無 以 小
몸 있을 귀할 천할　있을 작을 큰　없을 써 작을
체 유 귀 천　유 소 대　무 이 소
ㄴ몸에는 ㄴ있다 ㄴ귀한 것과 천한 것　ㄴ있다 ㄴ작은것과 큰 것　ㄴ~마라 ㄴ작은 것이

害 大 하며　無 以 賤 害 貴 니　養 其
해칠 큰　없을 써 천할 해칠 귀할　기를 그
해 대　무 이 천 해 귀　양 기
ㄴ큰 것을 해치게　ㄴ~마라 ㄴ천한 것이 ㄴ귀한 것을 해치게　ㄴ기르면

小 者　爲 小 人 이요　養 其 大 者
작을 사람　할 작을 사람　기를 그 큰 사람
소 자　위 소 인　양 기 대 자
ㄴ작은 것을　ㄴ소인이 되는 것　ㄴ기르면 ㄴ큰 것을

爲 大 人 이니라　飮 食 之 人 을　則 人 이
할 큰 사람　마실 먹을 조사 사람　곧 사람
위 대 인　음 식 지 인　즉 인
ㄴ대인이 되는 것　ㄴ먹는 것, 마시는 것을 중시하는 사람　ㄴ곧 다른 사람들이

賤 之 矣 나니　爲 其 養 小 以 失 大 也 니라
천할 조사 조사　할 그 기를 작을 써 잃을 큰 조사
천 지 의　위 기 양 소 이 실 대 야
ㄴ천하게 여기니　ㄴ작은 것을 길러서　ㄴ큰 것을 잃기 때문이다.

몸에는 귀한 것과 천한 것(귀천, 貴賤)이 있고

작은 것과 큰 것(소대, 小大)이 있으니,

작은 것이 큰 것을 해치게 하지 말고,

천한 것이 귀한 것을 해치게 하지 말라.

작은 것을 키우면 소인이 되고, 큰 것을 키우면 대인이 된다.

음식을 밝히는 사람들은 천히 여기나니,

작은 것을 기르고 큰 것을 잃기 때문이다.

우리 몸에 작은 것과 큰 것, 천한 것과 귀한 것이 있다는 것이 무엇인지 언뜻 이해가 가지는 않습니다. 그러나 그것을 따지는 것보다 훨씬 더 큰 뜻이 있는 것 같습니다.

우리 마음에도 항상 그런 갈등은 있지요. 인간의 본성을 충족시키려고 하는 마음이요. 육체의 원초적인 욕구를 충족시키는 것과 관련된 것들입니다. 그러나 그것은 이성에 의해 지배되기 때문에, 우리가 인간답게 잘 살 수 있지요.
누구나 본능적인 욕구가 있습니다. 사람이 살면서 그 본능적인 욕구만 추구하다보면 인간적인 삶을 산다고 할 수 없을 겁니다. 심하게 말하면 다른 동물과 같은 삶을 산다고 해야겠죠.

인격이 없는 동물들도 자기 새끼 보살피고, 먹을 것을 나눕니다. 사람이 작은 것, 천한 것만을 좇아 살면 동물과 다름없거나, 오히려 동물보다 못한 처지가 됩니다. 조물주께서 어찌 한탄을 안 하실까요?
사람은 동물과 격이 다른 존재입니다. 인격(人格)은 사람에게만 있지, 동물이 아무리 뛰어나도 인격이 있다고 하지 않습니다.

인간본래성은 하늘이 주신 인(仁), 인의예지(仁義禮智), 사랑의 마음을 좇아 사는 것입니다. 본능을 따라 사는 것은 작은 것, 천한 것을 좇아서 사는 것이고, 종래에는 소인이 되는 길입니다.

마음의 소리를 들으세요. 인간본래성이 말하는 그 소리를 들으세요. 그것이 하늘이 사람에게 주신 본래 모습입니다.

鈞是人也로되 或從其大體하며
或從其小體는 何也잇고 曰耳目
之官은 不思而蔽於物하니 物交
物則引之而已矣요 心之官
則思라 思則得之하고 不思則不
得也니 此天之所與我者라 先
立乎其大者면 則其小者不能
奪也니 此爲大人而已矣니라

똑같은 사람이 어찌 대를 좇거나 소를 좇습니까?
맹자 왈, 눈과 귀는 생각하지 못해 현상을 그대로 받아들인
다. 현상과 사귀면(현상을 그대로 받아들이면) 거기에 끌려
갈 따름이다. 마음은 생각할 수 있어서 생각하면 얻고, 생각
하지 않으면 안 얻는다. 이것이 하늘이 우리에게 준 것이다.
먼저 큰 것에 기준을 두면 작은 것이 그것을 빼앗지 못하니,
그것이 대인이 되는 것일 따름이다.

앞의 말씀과 연결되는 내용입니다.
하늘로부터 인간본래성을 받는 것은 사람들이 다 같을 터인데,
어째서 사람들마다 제각각 다 다르냐는 것이지요.

저는 차이가 나는 원인을 다음과 같이 생각합니다.
항상 그런 것은 아니지만 제가 보아 온 모습을 보면요,

가장 처음 차이가 발생하는 것은 그 부모의 덕에서부터입니다.
부모가 얼마나 많은 인정과 칭찬을 해주고 사랑을 주었느냐지요.
부모의 사랑은 하늘의 사랑을 현실 세상에서 대신하는
고귀한 것입니다. 가장 근원적인 것이기도 하고요.

다음은 선생님입니다. 몇몇 자기를 아껴주고 사랑을 주었던 선생
님에게서 유년 시절 인격 형성에 많은 도움을 받지요.

그렇게 성장을 한 다음에 자신의 후천적인 노력이 있습니다.
스스로 노력하면서 이 글에 나온 것과 같이 소체(小體)를 따르지
않고 대체(大體)를 따르려고 노력하는 것이지요.

군 생활을 오래 하면서 많은 사람을 만나보고 상담하다 보니, 가
장 근원적인 문제는 부모로부터 시작되더라고요. 그리고 자기에
게 인정과 칭찬을 해주고 사랑을 주었던 어떤 사람이라도 있으면
그 사람은 그래도 에너지가 있고 자존감이 있습니다. 그래서 대
체를 따를 수 있지요.

여러분은 대체를 따릅니까? 소체를 따릅니까?
여러분의 부하들은 대체를 따릅니까? 소체를 따릅니까?

人 之 所 貴 者 는　　非 良 貴 也 니

사람　조사　바　귀할　사람　　　아닐　좋을　귀할　조사
인　　지　　소　귀　　자　　　　비　　양　　귀　　야
ㄴ, 다른 사람이　　ㄴ, 귀하게 만드는 바는　　ㄴ, 아니다　ㄴ, 좋은 귀함이

趙 孟 之 所 貴 를

나라　맏　조사　바　귀할
조　　맹　지　　소　귀
ㄴ, 조맹(사람이름)이　　ㄴ, 귀하게 만든 바는

趙 孟 이　　能 賤 之 니라

나라　맏　　　능할　천할　조사
조　　맹　　　능　　천　　지
ㄴ, 조맹이　　ㄴ, 능히 천하게 만들 수도 있다.

남이 귀하게 해준 것은 좋은 귀함(良貴, 양귀)이 아니다.

조맹이 귀하게 만들어준 것은

조맹이 능히 천하게 만들 수도 있기 때문이다.

조맹은 아마 그 당시의 세력가였던 사람인 듯 합니다.
사람을 앞에 놓고 평가하면서 '귀하다, 천하다' 말을 했던 듯합니다.
그 상황을 두고 이런 말을 하고 있네요.

살다 보면 다른 사람으로부터 여러 가지 이야기를 직간접적으로
듣는 일이 많습니다. 무척 기분 안 좋지요.
그 말에 대해서 분을 감추지 못하며 두고 보자고 벼릅니다.
다른 사람의 말에 귀를 기울여야 할 때가 있고 한 귀로 듣고 한
귀로 흘려야 할 때가 있으며, 아예 귀를 닫을 때도 있습니다.

다른 사람이 나에 대해 평가를 하는 말을 들어서 기분이 좋을
사람은 없지요. 그러나 내가 그 사람의 평가대로 되는 것은 아닙
니다. 그 사람이 나에 대해 좋은 이야기를 해주었다고 해서 내가
귀해지는 것도 아니고, 안 좋은 이야기를 했다고 해서 내가 천해
지지도 않는다는 것입니다. 그 사람이 그런 평가를 이야기하는
것은 그 사람의 인품이 부족해서 그러는 것이지요. 내 자신이 어
떻게 되는 것은 아니라는 겁니다.

다른 사람이 나에게 좋은 이야기 해준다고 좋아하지 마세요.
조맹이 귀하게 만들어준 것은 하루아침에 조맹이 천하게 만들지
도 모르기 때문입니다.

내가 귀하고 천하게 되는 것은 내 스스로에게 달려있는 일입니다.
남의 이야기로 결정되는 것이 아니고요.

天 將 降 大 任 於 是 人 也 신댄
하늘 장차 내릴 큰 맡길 조사 옳을 사람 조사
천 장 강 대 임 어 시 인 야
ㄴ, 하늘이 장차 ㄴ, 내리려면 ㄴ, 큰 임무를 ㄴ, 이 사람에게

必 先 苦 其 心 志 하며 勞 其 筋 骨
반드시 먼저 괴로울 그 마음 뜻 수고로 그 힘줄 뼈
필 선 고 기 심 지 울노 기 근 골
ㄴ, 반드시 먼저 ㄴ, 괴롭게 하고 ㄴ, 그 심지를 ㄴ, 수고롭게 ㄴ, 그 근골을

餓 其 體 膚 하며 空 乏 其 身 하여
주릴 그 몸 살갗 빌 가난할 그 몸
아 기 체 부 공 핍 기 신
ㄴ, 주리게 하고 ㄴ, 그 몸과 살갗을 ㄴ, 비우고 가난하게 하고 ㄴ, 그 몸을(사람을)

行 拂 亂 其 所 爲 하나니 所 以 動 心
행할 떨어낼 어지러 그 바 할 바 써 움직일 마
행 불 울란 기 소 위 소 이 동
ㄴ, 행한다 ㄴ, 불란을(꼬이도록) ㄴ, 그 하는 바에 ㄴ, 이로써 ㄴ, 움직여서

忍 性 하여 增 益 其 所 不 能 이니라.
참을 성품 더할 더할 그 바 아닐 능할
인 성 증 익 기 소 불 능
ㄴ, 마음의 참을성을 ㄴ, 더한다 ㄴ, 그 불가능했던 바를 (할 수 있는 능력이 생긴다)

하늘이 장차 이 사람에게 큰 임무를 내리려 하시면,

먼저 그 뜻을 고통스럽게 만들고 근골을 수고롭게 하고,

몸을 주리게 하며, 공핍하게 만들어서

행하는 것마다 흔들어 놓는다.

그렇게 해서 참을성을 길러주고 그가 하지 못했던 것을 하게 만든다.

다들 살다 보면, 자기 자신이
불안한 예감의 주인공이 될 때가 있습니다. 참으로 기분 안 좋지요.
하늘이 무너지는 기분이 온종일 머릿속에서 떠나지 않습니다.
현실을 받아들이기 어렵지요.

'왜 나에게 이런 일이 생기는가?' 아무리 항변을 해보아도
어느 누구도 이야기해 주지 않습니다.
그렇게 시간은 가고, 시간 속에 상처는 묻혀 지나갑니다.

이 글이 당장 아파하는 사람들에게 위로가 될지는 모르겠습니다.

그러나 그나마 회복이 되었을 때, 나의 능력이 더 나아지고,
하늘이 나에게 더 큰 임무를 주시려 그랬다는 것을 느낀다면,

아니, 그저 나라도 다시 그것을 되짚어 보면서 담담할 수 있을 만
큼 회복하게 되었다면, 이 글을 보고 반가울 수 있겠지요.

'그래. 그때는 힘들었지만 지나고 나니 나름 괜찮았네.
그리고 나는 잘살고 있잖아?'

이렇게 생각할 수 있는 당신에게
전에는 할 수 없었던 것을, 이제는 할 수 있는 능력이 생겼을 겁니다.
지금 힘들더라도, 앞으로 나아질 수 있다고 생각하면 좋겠네요.

孟子맹자, 盡心진심

人	不	可	以	無	恥	니	無	恥	之	恥	면
사람	아닐	옳을	써	없을	부끄러		없을	부끄러	조사	부끄러	
인	불	가	이	무	울치		무	울치	지	울치	

ㄴ, 사람은   ㄴ, 해서는 안된다   ㄴ, 부끄러움이 없으면   ㄴ, 부끄러움이 없음을   ㄴ, 부끄럽게 여기면

無	恥	矣	니라.	恥	之	於	人	에	大	矣	라.
없을	부끄러	조사		부끄러	조사	조사	사람		큰	조사	
무	울치	의		울치	지	어	인		대	의	

ㄴ, 치욕이 없을 것이다   ㄴ, 부끄러움이   ㄴ, 사람에게는   ㄴ, 큰 것이다

사람이 부끄러움이 없어서는 안 된다.

부끄러움이 없는 것을 부끄럽게 여기면

더 큰 치욕이 없을 것이다.

부끄러움이 사람에게 있어서는 매우 큰 것이다.

2014년에 '윤 일병 사건'이 있었습니다. 인접해 있던 병사들이 한 병사를 때려서 숨지게 한 안타까운 사건이었지요.

당시 윤 일병에 대한 가혹 행위와 폭행은 수개월에 걸쳐 발생했습니다. 학교에서도, 사회에서도 비슷한 일이 계속 일어나고 있습니다.

하늘의 명을 받아 태어난 고귀한 존재인 사람을 괴롭히는 것은 하늘이 우리에게 주신 모습이 아닙니다. 재미있다며 낄낄대고, 친구를 놀리며 괴롭히는 것은 사람이 할 짓이 아니라는 겁니다. 부끄러운 짓이지요. 인격(人格)을 갖춘 사람으로서 말입니다.

그 부끄러움이 없으니 수개월을 그러다가 안타까운 상황에까지 이르게 되는겁니다. 그 부끄러움을 가르쳐주지 못하니, 어른이 되어서도 그 모습을 개선할 수 없는 겁니다.

사회에 엄청난 파장과 반향을 가져왔던 '미투운동'도 마찬가지입니다. 다른 사람에게 고통을 주고 자기의 욕구를 채웠다고 좋아하는 것은 인격을 갖춘 사람이 할 짓이 아닙니다.

부끄러움이 없으니, 더 큰 치욕을 당하잖아요?
부끄러움이 없음을 부끄러워하면 그러지 않을 텐데요.

그 부끄러움을 누가 준 것이겠습니까?
하늘이 주신 거지, 누구겠어요? 바로 당신에게 말입니다.

孟 子 曰　　以 佚 道 使 民 이면　　雖 勞

맏 아들 말할　　써 편할 길 하여금 백성　　비록 수고로
맹 자 왈　　이 일 도 사 민　　수 울 로

ㄴ, 맹자가 말하기를　　ㄴ, 편안한 방법으로　　ㄴ, 백성을 부리면　　ㄴ, 비록 수고로와도

不 怨 하며　　以 生 道 殺 民 이면　　雖 死 나

아닐 원망할　　써 살 길 죽일 백성　　비록 죽을
불 원　　이 생 도 살 민　　수 사

ㄴ, 원망하지 않으며　　ㄴ, 사는 방법으로(살기위해)　　ㄴ, 백성을 죽이면　　ㄴ, 비록 죽더라도

不 怨 殺 者 니라　　殺 之 而 不 怨 하며

아닐 원망할 죽일 사람　　죽일 조사 접속사 아닐 원망할
불 원 살 자　　살 지 이 불 원

ㄴ, 원망하지 않는다 ㄴ, 죽인자를　　ㄴ, 죽여도　　ㄴ, 원망하지 않고

利 之 而 不 庸 이라.　　民 日 遷 善 而

이로울 조사 접속사 아닐 공　　백성 날 옮길 착할 접속사
이 지 이 불 용　　민 일 천 선 이

ㄴ, 이롭더라도　　ㄴ, 공으로 여기지 않는다 ㄴ, 백성은 매일　　ㄴ, 선을 실천하지만

不 知 爲 之 者 니라.

아닐 알 할 조사 사람
부 지 위 지 자

ㄴ, 모른다　　ㄴ, (그렇게)하는 자

맹자가 말하기를 편안함으로 백성을 부리면 수고로와도 원망하지 않는다. 살기 위해 백성을 죽이면 비록 죽어도 죽인 자를 원망하지 않는다. 죽여도 원망하지 않고 이롭게 해도 공으로 여기지 않는다. 그러므로 백성은 매일 선을 실천하면서도 누가 그렇게 하는지 모른다.

전쟁에 대해 사람을 죽이는 것만 생각하는 사람들은 전쟁을 아주 안 좋은 것으로 봅니다. 그러나 군인은 때로는 사람을 죽여야 할 때도 있습니다. 적군은 물론이고, 아군도 말이지요.
전투에서 위험한 임무를 담당하면 그 사람이 죽을 수 있습니다. 그러나 꼭 필요한 임무니까 부여했겠지요. 준엄한 '전투명령'입니다.

그 전우가 죽을 수도 있습니다. 그러나 전체 작전을 위해서 자신을 희생했던 것입니다. 또한 적군도 사람이지만, 대한민국의 안위를 위협하는 적은 죽여야 합니다. 그렇지 않으면 나와 나의 전우, 나의 부모형제와 대한민국이 죽으니까요.

한편, 리더가 부하를 부릴 때는 편안한 방법으로 해야 합니다.
괜히 쓸데없는 고생을 시키지 말고, 전투에서 필요한 능력을 사전에 정확하게 인식시키고 훈련을 효율적인 방법으로 추진해야 합니다. 훈련 다녀온 다음에는 충분히 휴식과 정비를 하고요.
그러니까 훈련을 강하게 하더라도 기꺼이 한다는 겁니다.

만약 살기 위해서 백성을 죽이는 것이 아니고, 편안한 방법 없이 수고롭게 만든다면 그 리더의 행위는 학정(虐政, 포악한 정치)에 다를 바 없습니다.
얻어지는 가치도 없이 부하들을 괴롭게만 하는 것이지요.
가치를 만들어내지 못하고 역량을 소모하는
그런 리더는 부하들이 잘 따르지 않습니다.

군 리더가 정말 중요한 이유를 잘 생각해보았으면 좋겠네요.

君 子 有 三 樂 而 王 天 下 不 與
임금 아들 있을 셋 즐거울 접속사 임금 하늘 아래 아닐 더불어
군 자 유 삼 락 이 왕 천 하 불 여
ㄴ, 군자는 있다.　ㄴ, 세 가지 즐거움　ㄴ, 그러나　ㄴ, 천하에 왕노릇 하는 것은

存 焉 이니라 父 母 俱 存 하며 兄 弟
있을 조사 아비 어미 함께 있을 맏 아우
존 언 부 모 구 존 형 제
ㄴ, 같이 있지 않다.(포함되지 않는다)　ㄴ, 부모가 다 계시고　ㄴ, 형제가

無 故 가 一 樂 也 요 仰 不 愧
없을 옛 한 즐거울 조사 우러를 아닐 부끄러울
무 고 일 락 야 앙 불 괴
ㄴ, 무고한 것이　ㄴ, 첫 번째 즐거움이고　ㄴ, 우러러 부끄러움 없이

於 天 俯 不 怍 於 人 이 二 樂 也 요
조사 하늘 구부릴 아닐 부끄러 조사 사람 두 즐거울 조사
어 천 부 부 울작 어 인 이 락 야
ㄴ, 하늘에　ㄴ, 굽어보아　ㄴ, 부끄러움 없이　ㄴ, 다른 사람에게　ㄴ, 두 번째 즐거움이고

得 天 下 英 才 而 敎 育 之 三
얻을 하늘 아래 꽃부리 재주 접속사 가르칠 기를 조사 셋
득 천 하 영 재 이 교 육 지 삼
ㄴ, 얻어서　ㄴ, 천하의 영재를　ㄴ, 교육하는 것

樂 也 니라
즐거울 조사
락 야
ㄴ, 세 번째 즐거움이다.

군자에게는 세 가지 낙이 있는데 천하의 왕 노릇하는 것은
그중에 있지 않습니다. 부모가 다 계시고 형제들이 무고한 것
이 일락이고, 하늘을 우러러 거리낌이 없고 사람을 굽어보아
부끄럽지 않은 것이 이락이고, 천하의 영재를 얻어 교육하는
것이 삼락일 따름입니다.

군자의 즐거움이 세 가지가 있는데,
진급하고 좋은 보직을 찾아가는 것은 그중에 있지 않습니다.

물론 현실적으로 아무 관심도 없을 수는 없겠지요.
그러나 군자의 즐거움이 주는 의미를 잘 생각해보아야 합니다.

통상 생활하면서 보면, 일차적으로 즐거운 것은 좋은 사람들과
운동하고 맛있는 것 먹고 즐거운 이야기하는 것이지요.

조금 더 차원을 높이면 자기가 목표를 세워서 정진하고 그 목표
를 향해 나아가는 자신의 모습을 볼 때 즐겁다고 하겠지요.

더 차원을 높인다면 인생에서 자기의 사명을 깨닫고
인간본래성을 찾아가는 과정이 즐거운 것이지요. 제 생각에,
이 단계의 즐거움을 맹자는 군자삼락으로 나타내신 것 같습니다.

부모님이 다 계시고 형제들이 무고하다는 것은 꼭 그렇다는 것이
아니라, 집안에 큰 걱정이 없다는 것을 의미합니다.
두 번째 즐거움은 윤동주 시인의 '서시'에도 나오는 유명한 말이지요.
세 번째 즐거움은 육군대학 교관 경력을 가진 저에게 참으로 황
송하게 다가오는 말씀이었습니다.

모든 상황이 꼭 그렇지 않더라도, 군자삼락의 의미를 새기면서,
여러분들도 군 생활의 진정한 즐거움을 느꼈으면 좋겠네요.

Ⅳ. 대학

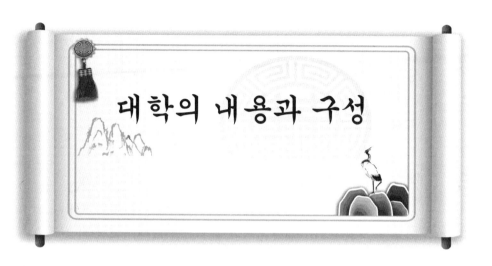

대학의 내용과 구성

經一章 경 일 장(삼강령, 팔조목)

三綱領삼강령 : 明明德, 新民, 止於至善
　　　　　　　 명명덕, 신민, 지어지선

八條目팔조목 : 格物, 致知, 誠意, 正心, 修身, 齊家, 治國, 平天下
　　　　　　　 격물, 치지, 성의, 정심, 수신, 제가, 치국, 평천하

傳一章 전 일 장	(明明德명명덕)
傳二章 전 이 장	(新民신민)
傳三章 전 삼 장	(止於至善지어지선)
傳四章 전 사 장	(本末본말)
傳五章 전 오 장	(格物致知격물치지)
傳六章 전 육 장	(誠意성의)
傳七章 전 칠 장	(正心修身정심수신)
傳八章 전 팔 장	(修身齊家수신제가)
傳九章 전 구 장	(齊家治國제가치국)
傳十章 전 십 장	(治國平天下치국평천하)

大學대학, 經一章경일장

物 有 本 末 하고
만물 있을 근본 끝
물 유 본 말
ㄴ, 만물에는 ㄴ, 있다 ㄴ, 본말이

事 有 終 始 하니
일 있을 마칠 처음
사 유 종 시
ㄴ, 일에는 ㄴ, 있다 ㄴ, 종시가

知 所 先 後 면
알 바 먼저 뒤
지 소 선 후
ㄴ, 안다면 ㄴ, 앞서는 바와 뒷서는 바를

則 近 道 矣 리라
곧 가까울 길 조사
즉 근 도 의
ㄴ, 곧 ㄴ, 가깝다 ㄴ, 도에

만물에는 근본이 되는 것과 끝이 되는 것이 있고
모든 일에는 맺고 시작함이 있으니 어느 것이 먼저인지,
어느 것이 나중인지 알면 곧 도에 가까운 것이다.

사단에서 어떤 작전을 해야 하는데요, 작전참모가 꾀를 내었습니다. 사단에서 해야 하는 결정적 작전을 여단에 슬쩍 미루는 것이지요. 그리고 사단에서는 이래라저래라 감독만 합니다.

모든 일에는 본말(本末)이 있습니다. 본은 주가 되는 것이고요, 말은 주변이 되는 것이지요. 자기 편의대로 본말을 바꾸는 것은 바람직하지 않습니다. 물론 여단에 작전임무를 부여할 수도 있지요.

그러나 원래 사단 결정적 작전이었던 바, 여단에 준 작전 임무 외에 정보, 화력, 전투근무지원 분야 등 나머지 분야는 사단에서 주체적으로 지원해야 합니다. 여단이 임무를 수행할 수 있게 여건을 보장해주는 것이지요. 개인에게도 마찬가지에요. 나의 일을 아랫사람에게 슬쩍 미뤄놓고 방관자 입장으로 돌아서는 것은 옳지 않습니다. 임무를 주었더라도 자기가 할 것은 지원해주고 지침을 주어야 하지요. '어느 것이 본이고, 어느 것이 말이냐?' 참 중요한 문제입니다. 일을 마쳐놓고 서로 자기가 공을 세웠다고 다투는 조직은 참으로 볼썽사납거든요.

사유종시(事有終始). 일에 매듭을 정확하게 지어야 합니다. 그러지 않고 대충 그냥 넘어가는 사람은 좋은 리더가 되지 못합니다. 행위로 매듭짓는 것도 있고, 어떤 것은 선언으로 매듭짓는 것도 있지요. 어떤 방법이라도 구성원들이 이해하고 공감할 수 있는 방법이면 좋습니다.

본말(本末)과 선후(先後), 맺음을 명확히 하는 것만 해도 그 리더는 참으로 훌륭한 리더입니다. 또한 그렇게 사는 사람은 참으로 훌륭하게 사는 것이라 하겠습니다.

湯 之 盤 銘 에   曰   苟 日 新 이어든
국 조사 소반 새길   말할   진실로 날 새로울
탕 지 반 명   왈   구 일 신
ㄴ, 탕왕의 반명(목욕통에 새긴 글)에 이르되   ㄴ, 진실로 하루를 새롭게 하면

日 日 新 하고   又 日 新 이라
날 날 새로울   또 날 새로울
일 일 신   우 일 신
ㄴ, 날마다 날마다 새로워지고   ㄴ, 또 날마다 새롭게 한다.

탕왕의 목욕통에 이런 말이 새겨져 있었다.

진실로 하루를 새롭게 하면

날마다 날마다 새로워지고

또 날마다 새롭게 한다.

탕왕(湯王)은 옛날 왕입니다. 너무 오래전이어서 잘 와닿지 않지요.
왕이 사용하는 목욕통에 그런 말을 써 놓았나 봅니다.
몸을 깨끗이 닦으면서 마음도 수양했던 모양입니다.

'새로워진다.' 이 말뜻을 어떻게 해석하느냐가 문제입니다. 그 말
이 우리에게 어떤 의미를 주느냐는 건데요, 저는 이렇게 생각합니
다. 하루를 돌아보면서 반성하는 시간을 가지는 것이 중요합니다.
그런데 맨날맨날 반성해도 잘못을 반복하는 것은 똑같지요? 그
런 느낌이 들 수 있습니다. 그러나 일주일, 한 달, 일 년, 10년 동
안 반복하면 그것은 결코 똑같지 않습니다.

논어맹자를 읽는다고 다 훌륭한 사람 되는 것은 아닙니다.
맨날 이런 글을 쓰는 저도 잘못하는 것도 있고, 사람들에게 못되
게 굴기도 합니다.

중요한 것은, 현실의 '나'는 부족한 모습이지만, 그래도 노력한다
는 것입니다. 하늘이 주신 인간본래성을 완전히 지킬 수는 없더
라도, 그것을 위해 조금이라도 나아가려고 노력한다는 것이지요.
그래서 처음에는 차이가 없는 것 같지만, 시간이 가면 큰 차이가
납니다.

그 의지조차도 없는 사람은 날로날로 새로운 것이 없지요.
그렇게 해서 일주일, 한 달, 일 년, 10년, 20년, 평생이 지나도 똑
같이 육신의 욕심과 이익을 좇아서 살 뿐입니다.
그러니 '일신우일신(日新又日新)'이 참 의미가 크지요.

詩 云 緡蠻黃鳥 (여) 止 于

시경 이를 · 낚시줄 오랑캐 누를 새 · 그칠 조사
시 운 · 민→면 만 황 조 · 지 우
ㄴ 시경에 말하기를 · ㄴ 의성어, 꾀꼴꾀꼴 ㄴ 노란 새야 · ㄴ 머무는구나 ㄴ ~에

丘 隅 (라 하여늘) 子 曰 於 止 (에)

언덕 깊숙한 · 아들 말할 · 조사 그칠
구 우 · 자 왈 · 어 지
ㄴ 언덕 깊은 곳에 · ㄴ 공자가 말하기를 · ㄴ 그칠 곳에서

知 其 所 止 (로소니) 可 以 人 而 不 如

알 그 바 그칠 · 옳을 써 사람 접속사 아닐 같을
지 기 소 지 · 가 이 인 이 불 여
ㄴ 그칠 바를 아니 · ㄴ 충분히 ㄴ 사람으로서 · ㄴ 같지 않겠는가?

鳥 乎 (아) 爲 人 君 (엔) 止 於 仁 (하시고)

새 조사 · 할 사람 임금 · 그칠 조사 어질
조 호 · 위 인 군 · 지 어 인
ㄴ 새와 · ㄴ 임금이 되어서는 · ㄴ 어짊에 그치고

爲 人 臣 (엔) 止 於 敬 (하시고)

할 사람 신하 · 그칠 조사 공경할
위 인 신 · 지 어 경
ㄴ 신하가 되어서는 · ㄴ 공경함에 그치고

爲 人 子 (엔) 止 於 孝 (하시고)

할 사람 아들 · 그칠 조사 효도
위 인 자 · 지 어 효
ㄴ 아들이 되어서는 · ㄴ 효도함에 그치고

爲 人 父 (엔) 止 於 慈 (하시고)

할 사람 아비 · 그칠 조사 사랑할
위 인 부 · 지 어 자
ㄴ 아버지가 되어서는 · ㄴ 자애로움에 그치고

與 國 人 交 (엔) 止 於 信 (이러시다)

더불 나라 사람 사귈 · 그칠 조사 믿을
여 국 인 교 · 지 어 신
ㄴ 나라 사람들과 사귈 때에는 · ㄴ 믿음에 그쳤다.

시경에 말하기를, 꾀꼴꾀꼴 노란 새야, 언덕 깊은 곳에 머무르는구나! 새도 머무를 데 머무르니, 사람이 새와 같지 않겠는가? (문왕은) 임금으로서는 어질고, 신하로서는 공경하고, 아들로서는 효도하고, 아비로서는 자애롭고, 나랏일을 할 때에는 신뢰를 받으셨다.

우리가 보통 사용하는 '그친다'는 의미는 더 할 수 있는데 그만둔다는 느낌도 있습니다. 그러나 여기서는 그런 뜻이 아닙니다. 정확히 있어야 할 곳에 머문다는 의미이지요.

백성들과 새가 머무를 곳에 머물러 사는 것을 보고, 정확하게 자기 모습을 찾는 것을 이야기하는 겁니다. 그리고 다음 문장에 문왕(文王)의 예를 들어 설명하고 있지요.

우리는 한 사람이 여러 지위를 가지게 됩니다. 예를 들어 부대에서는 지휘자나 참모, 어느 동호회에서는 회장, 총무, 가정에서는 부모, 자식, 동생 등등 많은 지위를 가지지요. 각자의 위치에서 여러분은 머물러야 하는 정확한 모습에 스스로가 머무르고 있는지요?

여기 나온 것처럼, 리더로서, 신하로서, 아들로서, 부모로서, 내가 머물러야 하는 정확한 모습이 무엇인지 아는 것이 중요합니다. 여기서 말하는 것이 바로 그것이라고 저는 생각합니다.

우리가 아버지, 어머니라고 부를 때 그 이름에는 참으로 깊은 뜻이 들어있습니다. 아버지, 어머니라고 하는 숭고한 사랑을 베풀어야 하는 막중한 책임이 들어가 있는 이름이에요. 그 중요한 이름으로 아버지, 어머니를 부르는 겁니다.

자기 이름 석 자로 부를 때도, 중대장님, 소대장님 부를 때도 마찬가지예요. 그 이름에는 그 사람이 갖추어야 할 모습이 깃들어 있습니다. 그것을 알고, 머무를 곳을 알아서 정확하게 거기에 머물러야 하는 겁니다.

有 斐 君 子 여
있을 문채날 임금 아들
유   비   군   자
ㄴ, 문채나는   ㄴ, 군자여

如 切 如 磋 하며 如 琢 如 磨 로다
같을 끊을 같을 갈   같을 쪼을 같을 갈
여   절   여   차   여   탁   여   마
ㄴ, 끊고 갈음과 같고   ㄴ, 쪼고 갈음과 같다

빛나는 군자여,

끊고 연마하고, 쪼고 갈아서 그런 모습이구나.

'절차탁마(切磋琢磨)'라는 말을 들어보았나요?

후보생 시절, 생도 시절에 얼차려를 받으면서 많이 들었던 말이지요.

절차탁마는 군자가 지속적으로 많은 수련을 해야 한다는 것을 의미하는 말입니다. 그런 과정을 통해서 빛이 난다는 거지요.

자기 수련을 한다는 것의 실제는 글을 읽고 생각을 깊게 한다는 것입니다. 그리고 그것에 맞추어 자기 자신을 반성하고 마음과 뜻, 언행을 주의하는 것을 말하지요.

그것은 남이 지적을 하고 충고를 해주어서 되는 것이 아닙니다. 자기 스스로가 깨달음을 가지고 주체적으로 움직여야 하지요.

다른 사람이 해줄 수 있는 것은 긍정적인 동기부여를 하는 것뿐입니다. 부정적인 동기부여도 있겠지만 별로 좋지는 않습니다.

그래서 물건의 모양을 만들기 위해 자르고 울퉁불퉁한 절단면을 매끄럽게 다듬고, 옥돌의 모양을 만들도록 쪼고, 그것을 맨들맨들하게 갈기 위해서 수없이 노력하는 겁니다. 그런 고통이 수반되는 과정을 거쳐서 군자가 빛나는 모습이 된다는 것이지요.

인생을 살아가는 것은 고(苦, 고통)라고들 합니다. 힘든 일이 많지요. 힘들게 살아가는 과정에서도 글을 읽으며 인간본래성을 향해 나아가려 하는 노력이 절차탁마(切磋琢磨)입니다. 고통스러운 과정을 거치더라도 이 글을 읽는 여러분들은 빛이 나는 군자가 되어 우리 군을 발전시키는 사람들이 되었으면 좋겠네요.

小人이 **閑居**에 **爲不善**하되
작은 사람　한가로 거할　할 아닐 착할
소　인　　울 한 거　　위 불 선
ㄴ, 소인이　ㄴ, 한가롭게 거할 때　ㄴ, 나쁜 짓을 하면서

無所不至하다가 **見君子而后**에
없을 바 아닐 이를　볼 임금 아들 접속사 임금
무 소 부 지　　　견 군 자 이 후
ㄴ, 없되 ㄴ, 이르지 않는 바가　ㄴ, 보고서 ㄴ, 군자를　ㄴ, 이후에(后→뒤 後後)

厭然揜其不善하고 **而著**
싫을 그러할 가릴 그 아닐 착할　접속사 드러낼
염→암 연 엄 기 불 선　　　이 저
ㄴ, 실을 염→ 겸연쩍을 암
ㄴ, 겸연쩍어 하며 ㄴ, 가리고 ㄴ, 그 나쁜 짓을　ㄴ, 그리고 드러내니

其善하나니 **人之視己**가 **如見其**
그 착할　사람 조사 볼 자기　같을 볼 그
기 선　　인 지 시 기　　여 견 기
ㄴ, 그 착한 짓을　ㄴ, 사람들이 ㄴ, 나를 보는 것이　ㄴ, 보는 것과 같다

肺肝然이니 **則何益矣**리오
허파 간 그러할　곧 어찌 더할 조사
폐 간 연　　즉 하 익 의
ㄴ, 폐와 간을 보는 것과　ㄴ, 그러니 어떤 더함이 있겠는가?

此謂誠於中이면 **形於外**라
이 이를 정성 조사 가운데　형상 조사 밖
차 위 성 어 중　　형 어 외
ㄴ, 이를 이르러 ㄴ, 정성스러우면 ㄴ, 가운데가　ㄴ, 드러나니 ㄴ, 밖으로

故로 **君子**는 **必愼其獨也**니라.
본래　임금 아들　반드시 삼갈 그 홀로 조사
고　　군 자　　필 신 기 독 야
ㄴ, 그런고로 ㄴ, 군자는　ㄴ, 반드시 ㄴ, 삼간다 ㄴ, 혼자 있을때를

소인이 한가롭게 거하면서 나쁜 짓을 하는데 이르지 않는 바가 없다가 군자를 보고서는 겸연쩍어 그 나쁜 짓을 가리고 착한 짓을 드러내니, 사람들이 나를 보는 것이 나의 간과 폐를 보는 것과 같으니 어찌 더함이 있겠는가?
이를 이르러 마음이 정성스러우면 그것이 밖으로 드러난다는 것이니, 그런고로 군자는 반드시 혼자 있을 때를 삼가는 것이다.

'신독(愼獨)'이라는 말의 원문입니다. 이 외에도 몇 개 더 있습니다. 혼자 있을 때를 조심한다는 말이지요. 말 그대로 혼자 있을 때를 조심한다는 의미보다는, 자기 마음가짐을 바르게 한다는 의미로 생각합니다.

아무리 좋은 행동을 하고 착하게 보이려고 해도, 그 사람의 마음가짐이 그렇지 못하다면 다른 사람들은 그것을 금방 알게 됩니다. 처음에야 겉으로 나타나는 것만 보고 '그런가 보다' 하겠지요. 그러나 얼마 되지 않아서 그 사람의 진심을 금방 알게 되는 겁니다. 폐와 간은 밖에 나와 있지 않습니다. 하지만 그 사람의 얼굴 빛과 운동 후 숨 쉬는 것을 보면 쉽게 그 상태를 알 수 있지요.

마음은 그렇지 않으면서 부하들에게, 호감이 있는 사람에게 일시적으로 잘해주는 것은 오래가지 못합니다. 성인이 된 사람들은 그 사람의 말보다 행동을, 일시적인 행동보다 지속적인 행동을 보고 판단하기 때문이지요.

마음을 먼저 다스리고, 순수한 뜻으로 다가가야, 그 사람이 베푸는 호의가 진정한 호의가 됩니다. 그런 호의여야 받아들이는 사람도 기분이 좋지요. 사람 사는 맛이 납니다.

호의를 베풀어 놓고는 관계가 틀어지면 그것을 다시 빼앗아가거나, '내가 베풀었으니 당신도 무엇을 내놓아라!' 이런 식이라면 참으로 안타까운 상황이 됩니다.

혼자 있을 때를 조심하라는 이야기는 자기 마음을 잘 다스리라는 이야기예요. 다른 사람이 다 보고 있습니다.
무엇보다 하늘이 보고 계시지요.

177
•
대 학

富 潤 屋 _{이오}　德 潤 身 _{이라}

부유할　윤날　집　　　덕　윤날　몸
부　　윤　　옥　　　　덕　윤　　신
ㄴ 부유함은 ㄴ 집을 윤택하게 하고　ㄴ 덕은 ㄴ 몸을 윤택하게 한다.

心 廣 體 胖 _{하나니}　故 _로　君 子 _는

마음　넓을　몸　클　　　본래　　　임금　아들
심　　광　　체　반　　　고　　　　군　　자
ㄴ 마음을 넓게 하고 ㄴ 몸을 크게 하니　ㄴ 그런고로　ㄴ 군자는

必 誠 其 意 _{니라}

반드시　정성　그　뜻
필　　성　　기　의
ㄴ 반드시 ㄴ 정성스럽게 ㄴ 그 뜻을

부유함은 집을 윤택하게 하고, 덕은 몸을 윤택하게 한다.
마음이 넓어지고 몸이 커지니, 그런고로 군자는
반드시 그 뜻을 정성스럽게 하는 것이다.

전 육 장(傳 六 章)이 성의(誠意)에 대해 언급하는 장입니다.
마음을 다스리는 것에 대해 계속 언급하고 있습니다.

사람이 살면서, 군 생활 하면서 자기 뜻대로 되지 않는 경우가 대부분입니다. 자기 뜻대로 되는 경우가 얼마나 있어요? 거의 없지요. 자기 뜻대로 되지 않는다고 해서 '이것은 누구 탓이야! 이것은 그 당시 그게 잘못돼서 그래!' 이렇게 남 탓을 하거나, 과거의 일을 계속 들춰내는 사람들이 있습니다.

무슨 도움이 될까요? 덕이 몸을 윤택하게 한다고 했지요. 어떤 일이 잘 안되었다고 다른 사람 탓을 하고, 옛날에 있던 일만 들춰내면서 잘잘못을 따지면 어떤 일이 좋을까요? 삶이 윤택해지지 않습니다. 그 분노와 증오로 오히려 자기 자신을 해치게 되지요.

덕을 쌓은 사람은 자신을 돌이켜 원인을 찾으며, 과거에 집착하기보다 앞으로 어떻게 할지 미래를 대비한다고 저는 생각합니다.
그런 모습으로 수십 년을 살아오면, 나이가 들어 그 사람에게 나타나는 모습은 확연하게 달라집니다. 사십 넘으면 스스로 자기 얼굴에 책임져야 한다고들 말하지요.

마음이 넓고, 그릇이 넉넉한 사람(심광체반心廣體胖)이 되려면 덕을 잘 쌓으세요.
마음가짐을 바로 하는 것이 그 핵심입니다.

心 不 在 焉 이면 　視 而 不 見 하며

| 마음 | 아닐 | 있을 | 조사 | | 볼 | 접속사 | 아닐 | 볼 |
| 심 | 부 | 재 | 언 | | 시 | 이 | 불 | 견 |

ㄴ, 마음이　ㄴ, 있지 않으면　　　ㄴ, 보더라도　ㄴ, 보는 것이 아니며

聽 而 不 聞 하며　食 而 不 知 其 味 니

| 들을 | 접속사 | 아닐 | 들을 | | 먹을 | 접속사 | 아닐 | 알 | 그 | 맛 |
| 청 | 이 | 불 | 문 | | 식 | 이 | 부 | 지 | 기 | 미 |

ㄴ, 들어도　ㄴ, 듣는 것이 아니며　ㄴ, 먹어도　　ㄴ, 알지 못한다　ㄴ, 그 맛을

此 謂 　脩 身 이　在 正 其 心 이니라

| 이 | 이를 | | 닦을 | 몸 | | 있을 | 바를 | 그 | 마음 |
| 차 | 위 | | 수 | 신 | | 재 | 정 | 기 | 심 |

ㄴ, 이를 이르러　　ㄴ, 몸을 닦는 것이　ㄴ, 있다　ㄴ, 바르게　ㄴ, 그 마음을

마음이 있지 않으면 보더라도 보는 것이 아니며,

들어도 듣는 것이 아니며, 먹어도 그 맛을 모른다.

이를 일컬어 수양을 쌓는 것은 그 마음을 바르게 한다는 것이다.

부대에서나 조직에서 리더들이 많이 하는 말입니다. 대부분 보면 자기 마음은 아주 절실한데, 밑에 있는 사람들이 설렁설렁하는 것 같아서 하는 말이지요. 그래서 '네가 지휘관, 주인의 마음으로 좀 해봐라!' 하는 의미로 사용합니다. 똑바로 하라고 다그치는 거지요.

그런 의미가 아닙니다.

인생은 하늘이 주신 인간 본래성을 찾아가는 과정인데, 그냥 글줄이나 읽고 앵무새처럼 흉내 내는 정도라면 어림도 없다는 이야기입니다. 그 핵심은 정심(正心), 마음을 바르게 한다는 것이지요.

진심으로 나를 돌아보고 내 마음을 바르게 하지 않으면, 하늘이 주신 인간 본래성을 회복할 수 없어요. 10년, 20년 공부해서 경서 문장을 줄줄 외운다고 해도 부하들로부터 신뢰와 존경을 받지 못하는 리더가 되는 것이지요.

'나는 정말 절실한데, 너희들은 왜 이렇게 똑바로 안 하냐? 너희들은 왜 이렇게 정성이 부족하냐?' 이런 의미로 사용하라고 있는 문장이 아닙니다. 그런 이야기를 하기 전에 리더가 충분히 부하들에게 설명해서 이해시키고, 동기부여를 했는지 생각해보아야 합니다.
부하들을 대할 때 자기의 소임은 다 하지 않고 부하들에게만 열심히 할 것을 강요하지 마세요. 앞에서도 언급한 것처럼, 리더의 속마음을 부하들은 훤히 꿰뚫어보고 있습니다.

그러니 리더의 마음부터 바르게 해야 한다고 하지요.

好 而 知 其 惡 하며
좋을 접속사 알 그 악할
호 이 지 기 악
ㄴ. 좋아하면서 ㄴ. 그 악함(단점)을 알고

惡 而 知 其
미워할 접속사 알 그
오 이 지 기
ㄴ. 미워하면서 ㄴ. 아는자가

美 者 가 天 下 에 鮮 矣 나라
아름다 사람 하늘 아래 드물 조사
울 미 자 천 하 선 의
ㄴ. 아름다움(장점) ㄴ. 천하에 ㄴ. 드물다

故 로 諺 有 之 曰
본래 속담 있을 조사 말할
고 언 유 지 왈
ㄴ. 그런고로 ㄴ. 속담에 있어 말하기를

人 莫 知 其
사람 없을 알 그
인 막 지 기
ㄴ. 사람이 ㄴ. 모른다

子 之 惡 하며
아들 조사 악할
자 지 악
ㄴ. 자식의 단점을

莫 知 其 苗 之 碩 이라
없을 알 그 싹 조사 클
막 지 기 묘 지 석
ㄴ. 모른다 ㄴ. 그 싹이 ㄴ. 크는 것을

此 謂 身 不 修 면
이 이를 몸 아닐 닦을
차 위 신 불 수
ㄴ. 이를 이르러 ㄴ. 몸을 닦지 않으면

不 可 以
아닐 옳을 써
불 가 이
ㄴ. 할 수 없다

齊 其 家 니라
가지런 그 집
할 제 기 가
ㄴ. 가지런해질 수 ㄴ. 그 집안이

좋아하면서도 그 단점을 알고, 미워하면서도 그 장점을 아는 자가 천하에 드물다. 속담에 말하기를 자식의 단점을 모르며, 그 싹이 크는 줄 모른다고 하였다. 이를 이르러 자기 수양을 하지 않으면 그 집을 다스릴 수 없다고 한다.

대부분 사람은 자기가 아끼고 소중하게 생각하는 것에 관대하고, 자기가 미워하는 것에 엄격한 경향이 있습니다. 공평하지 않고 편벽된다는 것이지요. 저 역시도 그렇습니다.

그러니 좋아하면서도 그 단점에 유의하고, 미워하면서도 그 장점을 살려준다는 것이 쉬운 일이 아니지요. 그리고 자식은 모든 것이 좋아 보이고, 제 싹이 크는 것은 모른다는 것입니다. 모판에서 모내기도 하지 않은 모가 자라면 어쩌겠어요. 다 버리게 되는 것이지요.

자식이나 부하나 똑같이, 그 말을 듣고 배우지 않습니다. 부모와 리더의 행동을 보고 배우지요. 옆으로 걷는 게가 자식한테 너는 똑바로 걸으라고 하면 자식 게가 똑바로 걸을까요? 부모와 리더의 행동을 보고 똑같이 따르게 되는 겁니다.
몸을 닦는다는 의미의 수신(修身)은 말 그대로 몸뚱아리를 닦는다는 의미가 아닙니다. 언행을 다스리는 것을 말하는 것이지요.

한 사람의 리더가 조직을 변화시킵니다.
책을 열심히 읽고, 공부하며 선을 쌓는 리더를 보는 부하들은 그것을 따르고, 자기 이익을 위해 권모술수와 이간질을 마지않는 리더의 부하들은 그것을 따릅니다. 부하들을 배려하지 않고 혹사하는 리더의 부하들은 그것을 따르겠지요.

그래서 한 명의 부모가, 한 명의 리더가 '자기 수양을 얼마나 쌓느냐? 자기 언행을 얼마나 다스리느냐?' 하는 것이 그 집안과 조직을 결정하는 겁니다.

孝 者 는
효도 사람
효 자
ㄴ 효는(효라는 것은)

所 以 事 君 也 요
바 써 일 임금 조사
소 이 사 군 야
ㄴ ~하는 바이다 ㄴ 임금을 섬기는

弟 者 는
아우 사람
제 자
ㄴ 제는(아우의 도리는)

所 以 事 長 也 요
바 써 일 길 조사
소 이 사 장 야
ㄴ ~하는 바이다 ㄴ 연장자를 섬기는

慈 者 는
사랑할 사람
자 자
ㄴ 자는(사랑하는 것은)

所 以 使 衆 也 니라
바 써 시킬 무리 조사
소 이 사 중 야
ㄴ ~하는 바이다 ㄴ 무리(백성)를 부리는

康 誥 曰 如 保 赤 子 라 하니
편안할 고할 말할 같을 도울 붉을 아들
강 고 왈 여 보 적 자
ㄴ (시경, 詩經) 강고 편에 말하기를 ㄴ 같다 ㄴ 보살핌 ㄴ 갓난 아이, 핏덩이

心 誠 求 之 면 雖 不 中 이나
마음 정성 구할 조사 비록 아닐 가운데
심 성 구 지 수 부 중
ㄴ 마음이 정성으로 ㄴ 그것을 구한다면 ㄴ 비록 ㄴ 정확하게 맞추지는 못하나

不 遠 矣 니 未 有 學 養 子 而 后
아닐 멀 조사 아닐 있을 배울 기를 아들 접속사 뒤
불 원 의 미 유 학 양 자 이 후
ㄴ 멀지 않을 것이다. ㄴ 없다 ㄴ 배우고서 ㄴ 자식 기르는 것을 ㄴ 이후에

嫁 者 也 니라
시집갈 사람 조사
가 자 야
ㄴ 시집가는 사람

　효(孝)는 임금을 섬기는 도리이고, 제(弟)는 연장자를 모시는 도리이다. 자(慈)는 백성을 부리는 도리이다. 시경 강고 편에 이르기를 갓난아이를 보살핌 같다 하였으니 마음이 진실로 그것을 구하면 비록 정확하지 않더라도 멀지 않을 것이다. 자식 기르는 것을 배우고 시집가는 사람은 없기 때문이다.

어린 시절부터 가정에서 효(孝), 제(弟), 자(慈)를 체득해야 합니다. 그러지 못하는 것으로부터 우리 사회와 군의 리더십 위기가 시작되었다고 저는 생각합니다.

효(孝), 제(弟), 자(慈)는 가정에서 행해지는 것이지만 이것이 확대되어 조직을 운영하는 데에도 근본이 되는 것들입니다. 그래서 시경 강고 편에 갓난아이에 대한 비유를 들고 있습니다. 우리가 갓난아이를 보살필 때 그러지요. 말하지 못하는 아기가 '배고프지 않나? 춥지 않나? 덥지 않나? 뭐가 불편하지 않을까? 무엇 때문에 짜증나거나 힘들지 않을까?'

백성과 부하를 부릴 때도 그렇게 하라는 말입니다.
심성구지(心誠求之), 마음으로 정성을 다해서 그것을 하라는 말입니다. 갓난아이 돌보는 것처럼.

리더가 정말 그런 마음이 있다면 부대 지휘하는 데 전혀 걱정할 필요 없습니다. 처음 소대장을 하는 사람들, 중 / 대대장을 하는 사람들, 내가 그 직책을 과연 잘 수행할 수 있을까? 걱정되지요?

마음으로 정성을 다해 그것을 구하면 정확히 맞추지는 못해도 완전히 망가지지는 않을겁니다. 자식 기르는 방법 배우고 시집가는 사람 없다고 했잖아요. 요즘은 소대장, 중대장 지휘하는 방법을 양성교육에서 미리 배우고 가니 얼마나 좋아요? 걱정하지 않아도 됩니다.

마음으로 정성을 다해 인간본래성을 회복하고 효(孝), 제(弟), 자(慈)를 구하면 처음 하는 소대장, 중대장, 대대장이라도 충분히 잘할 수 있습니다.

君 子 有 絜 矩 之 道 也 _{니라} 詩 云

임금 / 아들 / 있을 / 헤아릴 / 네모 자 / 조사 / 길 / 조사 / 시경 / 이를
군 / 자 / 유 / 혈 / 구 / 지 / 도 / 야 / 시 / 운

ㄴ 군자는 / ㄴ 잣대로 헤아려 / ㄴ 백성을 이끈다 / ㄴ 시경에 이르기를

樂 只 君 子 _여 民 之 父 母 _{라 하니}

즐거울 / 다만 / 임금 / 아들 / 백성 / 조사 / 아비 / 어미
락 / 지 / 군 / 자 / 민 / 지 / 부 / 모

ㄴ 즐거운 / ㄴ 군자여 / ㄴ 백성의 부모로구나! 하니

民 之 所 好 _를 好 之 _{하며}

백성 / 조사 / 바 / 좋을 / 좋을 / 조사
민 / 지 / 소 / 호 / 호 / 지

ㄴ 백성이 / ㄴ 좋아하는 바를 / ㄴ 좋아하고

民 之 所 惡 _를 惡 之 _가 此 之 謂

백성 / 조사 / 바 / 미워할 / 미워할 / 조사 / 이 / 조사 / 이를
민 / 지 / 소 / 오 / 오 / 지 / 차 / 지 / 위

ㄴ 백성이 / ㄴ 싫어하는 바를 / ㄴ 싫어하고 / ㄴ 이것을 이르러

民 之 父 母 _{니라} 道 得 衆 則

백성 / 조사 / 아비 / 어미 / 길 / 얻을 / 무리 / 곧
민 / 지 / 부 / 모 / 도 / 득 / 중 / 즉

ㄴ 백성의 부모라 하는 것이다. / ㄴ 도는 / ㄴ 무리(백성)를 얻으면

得 國 _{하고} 失 衆 則 失 國 _{이니라}

얻을 / 나라 / 잃을 / 무리 / 곧 / 잃을 / 나라
득 / 국 / 실 / 중 / 즉 / 실 / 국

ㄴ 나라를 얻고 / ㄴ 무리(백성)를 잃으면 / ㄴ 나라를 잃는 것이다.

군자는 보편적인 잣대에 맞춰 백성을 이끄는 혈구지도 (絜矩之道)가 있다. 시경에 이르기를, '즐거운 군자여, 백성의 부모로구나!'하였다. 이는 군자가 백성들이 좋아하는 바를 좋아하고, 백성들이 싫어하는 바를 싫어하는 것을 일컫는 말이다. 이치에 맞게 정사를 베풂에 있어서(道, 도) 백성을 얻으면 나라를 얻는 것이고, 백성을 잃으면 나라를 잃는다.

군이 존재하는 궁극적인 목적은 외세의 위협으로부터 국가와 국민을 보호하는 것입니다. 그래서 전투력을 항상 유지해야 하지요.

그런데 전투력을 유지하기가 쉽지 않습니다. 하기 싫은 것도 해야 하고 힘든 훈련을 거쳐야 합니다. 리더는 그것을 어떻게든 이끌어서 전투력을 최상으로 발휘할 수 있게 해야 하지요.

어떤 리더들은 전투력을 향상한다는 이유로 부하들의 기본권을 제한하기도 합니다. 잠을 안 재우거나, 밥을 먹지 않고 훈련하게 하는 것부터, 주말이나 야근할 때 보고서 작성이나 과업을 잔뜩 주기도 하지요. 조금만 잘못을 해도 아주 매섭게 몰아칩니다.

물론 전시에는 상황이 매우 급박해서 잠을 자지 못하고, 밥을 먹지 못해도 싸워야 하고, 쉬는 것 없이 24시간 일을 할 수도 있습니다. 그러나 이런 종류의 훈련은 특수한 상황에서만 이루어지는 것이지요. 섣불리 할 수 있는 것이 아닙니다.

이런 것이 잘못 인식되어서, 어떤 리더는 전시에 대비해서 부대의 전투력을 높여야 하니, 평시부터 힘들게 일 시키고, 힘들게 훈련 시켜야 한다고 합니다.

무조건 힘들게만 하라는 것이 아닙니다. 전투력을 높이더라도 그 방법에 있어서 부하들이 좋아하는 바와 싫어하는 바를 가려서 효율적으로 해야 하는 겁니다. 그것을 못해서 군심(軍心)을 얻지 못하면 결국 그 리더는 자기 부대를 잃는 겁니다. 전투력을 높이려 했던 일인데, 결과적으로는 전투력을 발휘할 수 없어요. 부하들의 부모가 될 수 없습니다.

어떤 지휘방법이 바람직한가? 강압적인 방법일까요? 부드러운 방법일까요? 혈구지도(絜矩之道)에 이미 답은 나와 있습니다.

德者는 本也요 財者는 末也니

- 德 덕 덕 / 者 사람 자 → 덕은
- 本 근본 본 / 也 조사 야 → 근본이고
- 財 재물 재 / 者 사람 자 → 재물은
- 末 끝 말 / 也 조사 야 → 말단이다.

外本内末이면 爭民施奪이니라

- 外 바깥 외 / 本 근본 본 → 근본을 밖으로
- 内 안 내 / 末 끝 말 → 말을 안으로 하면
- 爭 다툴 쟁 / 民 백성 민 → 싸우는 백성
- 施 베풀 시 / 奪 빼앗을 탈 → 빼앗는 것을 베풂(빼앗게 함)

是故로 財聚則民散하고 財散

- 是 옳을 시 / 故 본래 고 → 그런 고로
- 財 재물 재 / 聚 모일 취 / 則 곧 즉 → (나라가) 재산을 모으면
- 民 백성 민 / 散 흩을 산 → 백성이 흩어짐
- 財 재산 재 / 散 흩을 산 → 재물을 나누면

則民聚니라 是故로 言悖而

- 則 곧 즉 / 民 백성 민 / 聚 모일 취 → (백성에게 재물을 적절히 쓰면) 백성이 모인다.
- 是 옳을 시 / 故 본래 고 → 그런고로
- 言 말씀 언 / 悖 어그러질 패 / 而 접속사 이 → 말이 어그러져

出者는 亦悖而入하고 貨悖而

- 出 날 출 / 者 사람 자 → 나가는 것은
- 亦 또 역 / 悖 어그러질 패 / 而 접속사 이 / 入 들 입 → 또한 어그러져 들어오고
- 貨 재화 화 / 悖 어그러질 패 / 而 접속사 이 → 재물이 어그러져

入者는 亦悖而出이니라

- 入 들 입 / 者 사람 자 → 들어온 것은
- 亦 또 역 / 悖 어그러질 패 / 而 접속사 이 / 出 날 출 → 또한 어그러져 나가게 된다.

덕은 근본이고, 재물은 말단이다. 근본을 밖에 두고, 말단을 안으로 들이면 백성들이 싸우고 빼앗게 된다. 그런고로 나라가 재산을 모으면(백성에게 적절히 쓰지 않으면) 백성들이 흩어지고, 재산을 흩으면(적절히 쓰면) 백성들이 모인다. 그런고로 말이 어그러져 나가면 또한 어그러져 들어오고, 재물이 어그러져 들어온 것은 또한 어그러져 나간다.

쉽게 번 돈은 쉽게 나간다고들 합니다. 열심히 일해서 벌었던 소중한 돈은 쉽게 쓰지 않지요.

군에서 리더는 덕을 근본으로 삼아야 합니다. 개인적으로 보면 재산도 물론 중요하다 할 수 있지만, 부대 지휘를 하는 것은 덕을 근본으로 해야지요. 그것을 잘못해서 외본내말(外本內末)하면, 앞에서 언급한 물유본말 사유종시(物有本末 事有終始)를 못 하는 겁니다.

군에서 집행하는 예산은 당연히 투명하게 사용되어야 합니다. 그리고 리더의 재량에 따라 사용되는 운영비도 공공선을 위해 사용되어야 하지요. 그것을 적절하게 사용하지 않고 자기 또는 특정인이 좋아하는 것에 사용하는 것은 리더의 자질이 부족한 사람이 하는 일입니다.

후반부에 중요한 이야기가 나오지요. 어그러져서 나간 말은 반드시 어그러져서 들어오게 됩니다. 안 좋은 말이 나갔는데, 누가 좋은 말로 보답을 하겠습니까? 그럼 어떻게 해야할까요?

일단 내가 다른 사람에게 이야기할 때, 어그러진 말을 하지 않아야지요. 물론, 그건 그렇지요. 그런데 만약 누가 나에게 어그러진 말을 하면 어떻게 하지요?

그냥 그대로 두세요. 욕하면 욕먹지요. 어떻게 하겠습니까? 어그러진 말이 그 사람을 망치는 것은 그 사람의 인과응보(因果應報)일 따름입니다. 거기에 나도 어그러진 말로 대응하면 나도 인과응보가 생기는 거지요.

人 之 有 技 를 若 己 有 之 하며

사람	조사	있을	재주		같을	자기	있을	조사
인	지	유	기		약	기	유	지

ㄴ 사람이　ㄴ 재주가 있음을　ㄴ ~처럼 한다　ㄴ 자기에게 있는 것처럼

人 之 彦 聖 을 其 心 好 之 가

사람	조사	선비	뛰어날		그	마음	좋을	조사
인	지	언	성		기	심	호	지

ㄴ 사람이　ㄴ 선비같이 훌륭함을　ㄴ 그 마음으로　ㄴ 좋아해주는 것이

不 啻 若 自 其 口 出 이면 寔 能

아닐	뿐	같을	스스로	그	입	날		이	능할
불	시	약	자	기	구	출		식	능

ㄴ 다만 ~할 뿐아니라　ㄴ 입으로 칭찬하는 것 같이 (그 이상으로)　ㄴ 이는 능히

容 之 라 人 之 有 技 를 媢 嫉 以

포용	조사		사람	조사	있을	재주		시기할	미워할	써
용	지		인	지	유	기		모	질	이

ㄴ 그 사람을 포용수 있다.　ㄴ 사람이　ㄴ 재주가 있음을　ㄴ 시기하고 미워하여

惡 之 하며 人 之 彦 聖 을 而 違 之 하여

미워할	조사		사람	조사	선비	뛰어날		접속사	어길	조사
오	지		인	지	언	성		이	위	지

ㄴ 증오하고　ㄴ 사람이　ㄴ 선비같이 훌륭함을　ㄴ 어긋나게 하여

俾 不 通 이면 寔 不 能 容 이라

더할	아닐	통할		이	아닐	능할	포용
비	불	통		식	불	능	용

ㄴ 통하지 않게 더함(방해함)　ㄴ 이는　ㄴ 능히 할 수 없다　ㄴ 포용할 수

다른 사람이 재주가 있으면 그것을 자기에게 있는 것같이 생각하고, 다른 사람이 훌륭하면 그것을 마음으로 기뻐하는 것이 다만 입으로 칭찬할 뿐 아니면(그 이상으로 하면) 그 사람을 포용할 수 있다. (반대로) 다른 사람이 재주가 있는 것을 시기하고 미워하며, 다른 사람이 훌륭한 것을 미워하고 시기해서 그것을 어긋나게 하고 발휘되지 않게 하면 그 사람은 포용할 수 없다.

청출어람 청어람(靑出於藍 靑於藍) 이라는 말이 있습니다. 푸른 빛이 푸른 쪽에서 나왔는데, 나온 그 빛은 원래 있던 쪽보다 푸르더라는 거지요.

후배들은 선배보다 뛰어나고, 제자들은 스승보다 뛰어납니다. 인정해야 하는데, 인정하기 싫지요. 그러나 인정하기 싫은 문제가 아닙니다. 그렇게 되어야 합니다. 그래서 우리 군이, 사회가 더 희망에 찬 내일을 기대할 수 있는 거지요.

다른 사람의 뛰어남을 인정하고 높여줄 수 있는 용기는 마음의 넉넉함에서 나온다고 저는 생각합니다. 그 마음의 넉넉함은 어디서 나올까요? '어린 시절 부모님과 존경하는 분들이 주었던 사랑, 인정, 칭찬에서 나오지 않을까?' 생각해봅니다. 부럽지만, 훌륭한 부하와 후배를 칭찬하는 것은 참 올바르고 떳떳한 행동이지요.

반면에 어떤 사람은 후배들이, 부하들이 자기보다 뛰어나다는 것을 인정하지 못합니다. 마음의 넉넉함이 없는 사람은 다른 사람이 잘하는 것을 인정하면 자신이 패배하고, 자기의 인정과 칭찬이 없어질까 은연중에 걱정하지요.

조직에서 자신이 가장 똑똑하고 유능하다고 부르짖는 리더는 군 조직을 경직되게 만듭니다. 왜냐면 그 말은 부하들을 인정하지 않는 것이고, 부하들의 성과가 만족스럽지 않아서 자기가 직접 지시한다는 것이니까요. 부하들은 역량을 발휘하기보다 눈치 보기 급급하지요.

전투하면서 리더 혼자 싸우는 전투는 없습니다.
모든 것은 부하들의 몫이고, 리더의 몫은 최종상태와 작전목적을 제시한 후 그것을 조율(통합)하는 것뿐이니까요.

好　人　之　所　惡　하며　惡　人　之　所　好

<table>
<tr><td>좋을</td><td>사람</td><td>조사</td><td>바</td><td>싫어할</td><td>싫어할</td><td>사람</td><td>조사</td><td>바</td><td>좋을</td></tr>
<tr><td>호</td><td>인</td><td>지</td><td>소</td><td>오</td><td>오</td><td>인</td><td>지</td><td>소</td><td>호</td></tr>
</table>

ㄴ 좋아함　ㄴ 사람들이　ㄴ 싫어하는 바를　　ㄴ 싫어함　ㄴ 사람들이　　ㄴ 좋아하는 바를

是　謂　拂　人　之　性　이라

<table>
<tr><td>옳을</td><td>이를</td><td>떨</td><td>사람</td><td>조사</td><td>성품</td></tr>
<tr><td>시</td><td>위</td><td>불</td><td>인</td><td>지</td><td>성</td></tr>
</table>

ㄴ 이를 이르러　ㄴ 떨어낸다　ㄴ 사람의 본성(인간본래성)을

菑　必　逮　夫　身　이니라

<table>
<tr><td>재앙</td><td>반드시</td><td>미칠</td><td>아비</td><td>몸</td></tr>
<tr><td>재</td><td>필</td><td>체</td><td>부</td><td>신</td></tr>
</table>

ㄴ 재앙이　ㄴ 반드시 미치다　ㄴ 그 몸에

사람들이 싫어하는 바를 좋아하고,
사람들이 좋아하는 바를 싫어하는 것을 이르러
인간 본래성을 떨어낸다고 한다. (불인지성, 佛人之性)
재앙이 반드시 그에게 미칠 것이다.

부하들이 싫어하는 것을 좋아하고, 부하들이 좋아하는 것을 싫어하는 청개구리 같은 리더가 과연 있을까요? 2,500년 전에 있었던 이야기에 이런 말이 나오는 것을 보니, 그때도 있었나 봅니다.

흔히 이런 말을 많이 하지요. '맞고 틀리는' 것이 아니라 '다른 것'이라고 합니다. 각각의 다양성과 개성을 인정해야 한다는 말로 많이 사용하지요. 한동안 저도 '맞는 것 틀린 것'을 나누는 것은 이분법적인 논리인 것 같아서 잘 사용하지 않았었습니다.

그렇지만 '맞는 것과 틀리는 것'은 있습니다. 인간본래성에 부합하는 것, 하늘이 주신 성정에 어긋나게 하는 것, 존재 질서에 어긋나게 하는 것, 이런 것들은 '맞는 것과 틀린 것'이 있습니다.

내가 어떤 즐거움을 추구하면서 다른 사람에게 피해를 주는데, '나의 개성과 스타일이 달라서 그럴 뿐'이라고 항변하는 사람이 있다면 그것은 틀린 겁니다. 내가 어떤 업무를 추진하면서 부하들이 가져온 문서에 습관적으로 직직 그으며, 심한 말로 부하 마음에 상처를 주는 것은 '내가 원래 스타일이 좀 그래' 할 수 있는 것이 아닙니다.

리더가 부대 지휘와 조직관리, 업무추진을 빙자하여 인간본래성에 어긋나는 일을 일삼는 것, 그것은 틀린 것입니다. 어떤 사람들은 그렇게 하면서도 자신이 다른 사람에게 피해를 주는지도 모르지요. 다른 사람은 다 싫어하는데 혼자 착각에 빠져 살아요.

재앙이 반드시 그에게 미친다고 말씀하시네요.
참으로 조심 또 조심해야겠습니다.

畜馬乘은 不察於鷄豚하고

畜	馬	乘		不	察	於	鷄	豚	
쌓을	말	탈	은	아닐	살필	조사	닭	돼지	하고
기를 흑	마	승		불	찰	어	계	돈	

ㄴ 말을 기르고 수레를 다루는 집은　ㄴ 살피지 않는다　ㄴ 닭과 돼지를

伐氷之家는 不畜牛羊하고

伐	氷	之	家		不	畜	牛	羊	
칠	얼음	조사	집	는	아닐	기를	소	양	하고
벌	빙	지	가		불	흑	우	양	

ㄴ 얼음을 치는 ㄴ 집은　ㄴ 기르지 않는다 ㄴ 소와 양을

百乘之家는 不畜聚斂之臣하니

百	乘	之	家		不	畜	聚	斂	之	臣	
백	탈	조사	집	는	아닐	기를	모일	거둘	조사	신하	하니
백	승	지	가		불	흑	취	렴	지	신	

ㄴ 백대의 수레를 가진 집은　ㄴ 두지 않는다　ㄴ 취렴지신(백성의 고혈을 짜는 신하)

與其有聚斂之臣으론 寧有

與	其	有	聚	斂	之	臣		寧	有
더불	그	있을	모일	거둘	조사	신하	으론	오히려	있을
여	기	유	취	렴	지	신		녕	유

ㄴ 차라리 그럴 바에는　ㄴ 취렴지신을 둘 바에는　ㄴ 오히려 둔다

盜臣이라 하니 此謂國은 不以利

盜	臣		此	謂	國		不	以	利
훔칠	신하	이라 하니	이	이를	나라	은	아닐	써	이로울
도	신		차	위	국		불	이	리

ㄴ (내 재산을) 도둑질하는 신하를　ㄴ 이것을 이르러 ㄴ 나라는　ㄴ 이로움을

爲利오 以義爲利也니라

爲	利		以	義	爲	利	也	
할	이로울	오	써	옳을	할	이로울	조사	니라
위	리		이	의	위	리	야	

ㄴ 이롭게 여기지 않고　ㄴ 의를 ㄴ 이로움으로 여긴다고 하는 것이다.

말과 수레를 다루는 집은 닭과 돼지를 기르지 않는다.
얼음을 다루는 집은 소나 양을 기르지 않는다.
백 대의 수레를 가진 집에서는 백성의 고혈을 짜내는 신하를
두지 않으니, 차라리 그럴 바에는 내 재산을 도둑질하는 신
하를 둔다. 이것을 이르러 국가는 이로움을 이롭게 여기지 않
고, 의로써 이롭게 여긴다고 한다.

옛날에 얼음을 쓰는 집은 부와 세력이 대단히 큰 집이었겠지요. 냉장고가 없던 시절이었으니까요. 얼음이 무척 귀했을 겁니다.
그 재정 규모가 매우 컸을 테니, 소와 양을 기르지 않았다는 말도 무리가 아니겠지요.

인의(仁義)를 추구하는 사람에게 사사로운 이익은 이익이 아닙니다. 조직을 이끄는 리더가 사사로이 어떤 이익을 좇아서 정사를 돌보는 것은 좋은 일이 아니지요.

부대에서 어떤 경쟁, 어떤 평가가 있을 때, 리더는 최선을 다해서 좋은 성적을 거두려고 합니다. 그것은 당연히 그렇습니다. 그러나 그것이 지나쳐서 인의를 해치면서까지 부하들에게 부담을 주는 것은 바람직하지 않습니다.

취렴지신은 세금을 잘 걷어서 국가의 재정을 튼튼하게 하겠지만, 백승지가(당시 권력 기준, 백 대의 수레를 가지고 있는 집안 또는 국가)만 하더라도 백성들에게 혈세 거둬서 내 창고를 채우는 것은 큰 의미가 없다는겁니다. 그럴 바에는 차라리 내 창고에서 곡식을 가져가서 먹고, 백성들은 괴롭히지 말라는 것이지요.

인의(仁義)를 추구하는 리더는 그래야 합니다.
어떤 것이 인의를 추구하는 것이고, 어떤 것이 사사로운 이익을 추구하는 것인지, 리더는 자기 상황에서 잘 생각해보아야 합니다.

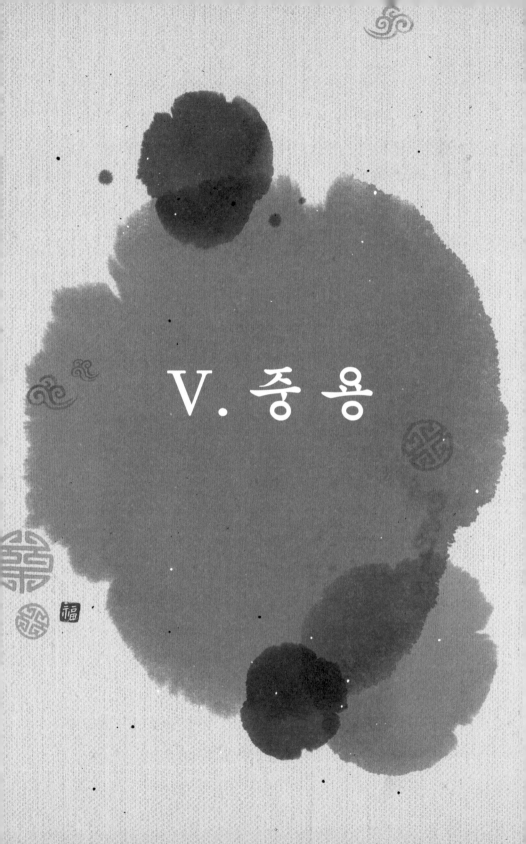

V. 중용

중용의 내용과 구성

중용은 誠(성)을 핵심으로 세상의 원리를 설명하는 책입니다. 성(誠)은 글자를 나누어 보면 말씀(言, 하늘, 성인의 말씀)을 이룬다(成)는 뜻입니다. 공자의 손자인 자사가 썼다고 하고, 사서(四書)중 가장 마지막에 읽지요. 내용이 어렵고 해석도 학자마다 분분합니다. 감안하고 보세요.

제 1장	(中和중화)
제 2~11장	(中庸중용)
제 12~19장	(費隱비은)
제 20~26장	(誠성)
제 27~32장	(大德小德대덕소덕)
제 33장	(中和중화)

喜 怒 哀 樂 之 未 發 을 謂 之 中 이오
기쁠 성낼 슬플 즐거울 조사 아닐 쏠 이를 조사 가운데
희 노 애 락 지 미 발 위 지 중
ㄴ 희노애락이 ㄴ 밖으로 드러나지 않은 것을 ㄴ 이른다 ㄴ 중이라고

發 而 皆 中 節 을 謂 之 和 니
쏠 접속사 모두 가운데 마디 이를 조사 화할
발 이 개 중 절 위 지 화
ㄴ 발현되더라도 ㄴ 모두 적절한 절도에 맞음을 ㄴ 이른다 ㄴ 화라고

中 也 者 는 天 下 之 大 本 也 요
가운데 조사 사람 하늘 아래 조사 큰 근본 조사
중 야 자 천 하 지 대 본 야
ㄴ '중'은 ㄴ 천하의 ㄴ 큰 근본이요

和 也 者 는 天 下 之 達 道 也 니라
화할 조사 사람 하늘 아래 조사 통달할 길 조사
화 야 자 천 하 지 달 도 야
ㄴ '화'는 ㄴ 천하에 ㄴ 통용되는 도리이다.

致 中 和 면 天 地 位 焉 하며
이를 가운데 화할 하늘 땅 자리 조사
치 중 화 천 지 위 언
ㄴ '중화'에 이르면 ㄴ 천지가 ㄴ 자리를 잡고

萬 物 育 焉 이니라
일만 사물 기를 조사
만 물 육 언
ㄴ 만물이 ㄴ 생육한다.

희노애락이 발현되지 않은 것이 중(中)이요, 발현되더라도 중절(中節, 中에 맞는 절도)에 맞는 것이 화(和)이다. 중은 천하의 큰 근본이고, 화는 천하에 통용되는 도리이다. 중화에 이르면 천지가 자리를 잡고, 만물이 생육한다.

희노애락(喜怒哀樂)은 인간의 감정을 나타내는 것인데요. 제가 보기에 여기서는 '인간본래성'의 의미로 사용되었다고 생각합니다. 그것을 이르러 중(中)이라는 것이지요. 밖으로 발현되지 않은 상태의 희노애락, 그것은 인간본래성을 이야기하고 있다고 생각합니다.

그것이 발현되더라도 중절(中節), 상황에 맞게 치우치지 않고 적절함을 유지하는 것이 화(和)라고 이야기하고 있습니다. 절도에 맞는 것은 예(禮)에 어긋나지 않는다는 것이지요.

중(中)은 하늘이 주신 것입니다. 모든 것의 근본이 되지요. 화(和)는 하늘이 주신 중(中, 인간본래성)을 본받아서 천하에 통용을 시키는 예의가 되어야 한다고 할 수 있습니다.

그렇게 하늘이 주신 인간본래성을 사람들이 열심히 노력해서 구현하면 천지가 자리를 잡는다고 했지요. 그것은 천지가 실제로 자리를 잡기보다는 천지만물의 바른 위(位)를 사람들이 인식한다는 겁니다. 원래 그렇게 되어 있는 것을 사람들이 제대로 인식한다는 것이지요.

그리고 나서야 모든 일이 자라나고 제대로 운영될 수 있는 겁니다. 가정에서나, 부대에서나 말이에요.

첫 머리말에 그랬지요. 신의 섭리와 세상의 순리, 존재 구조와 질서를 망각했기 때문에 살면서 많은 문제가 생긴다고요. 부모는 부모의 위(位)가 있고, 자식은 자식의 위(位)가 있습니다. 리더는 리더의 위(位)가 있고 부하는 부하의 위(位)가 있어요. 높고 낮은 것이 아니라, 각각 역할이 다른 겁니다. 중(中)을 좇아서 화(和)를 이루면 그것을 바르게 인식할 수 있습니다.

君子는　中庸이오

임금　아들　　가운데　쓸
군　　자　　　중　　용
ㄴ, 군자는　　ㄴ, 중용을 취하고

小人은　反中庸이니라

작을　사람　　되돌릴 가운데 쓸
소　　인　　　반　　중　　용
ㄴ, 소인은　　ㄴ, 반대로 한다 ㄴ, 중용과

君子之中庸也는　君子而

임금 아들 조사 가운데 쓸 조사　　임금 아들 접속사
군　자　지　중　용　야　　　군　자　이
ㄴ, 군자의　　ㄴ, 중용은　　　　　ㄴ, 군자는

時中이오　小人之中庸也는

때　가운데　　작을 사람 조사 가운데 쓸 조사
시　중　　　　소　인　지　중　용　야
ㄴ, 시중을 쓰는 것이고　ㄴ, 소인의　　ㄴ, 중용은

小人而無忌憚也니라

작을 사람 접속사 없을 꺼릴 꺼릴 조사
소　인　이　무　기　탄　야
ㄴ, 소인은　　ㄴ, 없다 ㄴ, 기탄(거리낌)이

군자는 중용을 취하고 소인은 중용과 반대로 한다.
군자의 중용은, 군자는 시중(時中)을 쓰는 것이고
소인의 중용은, 소인은 거리낌이 없기 때문이다.

'중용(中庸)'의 심오한 뜻에 대해 논하는 것만으로도, 이 지면으로는 부족할 겁니다. 저도 잘 알지 못하고요. 그래서 여기에서는 '인간본래성에 근원을 두고, 어느 곳에 치우침 없이 적절함을 유지하는 상태' 이 정도로 해석을 해보겠습니다.

처음 시작하면서 군자는 중용이고 소인은 반중용이라고 합니다. 소인은 이익에 근원을 두고 이리저리 치우침이 심하다는 말이지요.

군자의 중용은 시중(時中)을 쓴다고 합니다. 시중, 이 또한 중용만큼이나 어려운 용어입니다. '쉽게 설명하면, 적절하게 해야 할 것을, 적절한 시기에 하는 것'이라고 할까요? 왜요, 그런 것 있잖아요? 부대에서 상황 변화에 대해 어떤 조치가 필요한 상황에서 그 조치가 너무 빠르지도, 늦지 않아서 시의적절하게 조치하고 부대 운영이 원활하게 되어가는 것 말이지요.

다음 문구에서 '소인의 중용은'이라고 나오는데, 소인의 '반중용'을 의미하는 것이지요. 소인 자신에게는 '반중용'도 자기의 입장에서 '중용'이라고 하니까요. 그것은 거리낌이 없기 때문이라는 겁니다.

자기가 하는 부대 지휘 조치에 대해서, '이 조치가 꼭 필요한 조치인가? 이것이 정말 시의적절한 것인가?' 고민이 없이 그냥 거리낌이 없는 거지요. 부끄러움과 염치가 없다는 겁니다.

앞에서 뭐라고 했어요? 부끄러움과 염치가 없으면 더 큰 치욕을 당한다고 했지요. 리더가 그러면 여러 사람 불행해집니다.

중용과 반중용, 어려운 말이지만, 느낌은 좀 전달되었으면 합니다.

舜 은 其 大 知 也 與 신저!
순임금　　그　큰　알　조사　감탄사
순　　　　기　대　지　야　여
ㄴ, 순임금　　ㄴ, 그 ㄴ, 큰 ㄴ, 지혜 ㄴ, 조사, 감탄사(로구나!)

舜 이 好 問 而 好 察 邇 言 하시되
순임금　　좋을　물을　접속사　좋을　살필　가까울　말씀
순　　　　호　문　이　호　찰　이　언
ㄴ, 순임금　　ㄴ, 묻기를 좋아함　　ㄴ, 살피기를 좋아함 ㄴ, 가까운 말을

隱 惡 而 揚 善 하시며　執 其 兩 端 하사
숨길　악할　접속사　드러낼　착할　　　잡을　그　두　끝
은　악　이　양　선　　　　　집　기　양　단
ㄴ, 악을 숨기고　　ㄴ, 선을 드러내며　　ㄴ, 잡다 ㄴ, 그 양 쪽 끝을

用 其 中 於 民 하시니　其 斯 以
쓸　그　가운데　조사　백성　　　그　이　써
용　기　중　어　민　　　　　기　사　이
ㄴ, 쓰다　　ㄴ, 그 가운데를　ㄴ, 백성에게　　ㄴ, 그것이 ㄴ, 이것으로써

爲 舜 乎 신저
할　순임금　조사
위　순　호
ㄴ, 되신 ㄴ, 순임금 ㄴ, 감탄사

순임금은 참 지혜가 크신 분이로다!
순임금은 묻기를 좋아하고 가까운 말을 살피기를 좋아하시되
악한 것은 숨겨주고 좋은 것을 드러내며, 양쪽 말을 다 듣고
서 적절한 말을 택하여 백성에게 쓰시니, 그것이 순임금이 되
신 까닭이로다.

군 조직이 워낙 크고 다양합니다. 각 기능과 분야별로 특성과 다양함의 규모가 무척 크지요. 군 생활을 하는 것은 새로운 것을 배우는 것의 연속입니다. 옮기는 자리마다 항상 새롭고 공부를 해야지요. 왕, 지휘관, 리더를 하는 것도 그렇습니다.

순(舜) 임금에 대해 이야기하고 있습니다. 지혜가 크다고 이야기한 후, 그 이유를 설명하고 있지요. 여기에 나온 모습이 리더가 참고해야 할 모습이라고 저는 생각합니다.

예전 근무 경험이 있거나 약간의 지식이 있다고 해서, 새로운 직책에서 만난 사람과 대화를 하면서 자기가 우월함을 내세우기 위해 '나도 알아. 내 식견이 당신보다 좀 더 낫다.' 이런 말을 하는 것은 좋지 않습니다. 왜 그러겠어요?

'내가 당신보다 더 아니, 당신은 함부로 이야기하지 마라. 나도 이것을 알고 있으니 나는 당신 도움 필요 없다!' 이런 의미가 될 수 있으니까요. 부하들과 대결 구도를 만드는 것은 좋지 않습니다.

차라리 '내가 잘 모르니, 다들 잘 도와주시기 바랍니다.' 하고 묻기를 좋아하고, 듣기를 좋아해서 어느 때는 잘못한 것은 가려주고 잘한 것을 드러내면서 그 적절한 말을 사용하면, 누가 당신을 업신여기고 골탕먹입니까? 앞에 언급했던 리더는, 부하들에게 만만하게 보이지 않으려고, 책잡히지 않으려고 그랬던 거 아니에요?

부하들은 오히려 알량한 지식과 경박한 언행으로 부하들을 깔아누르려고 하는 리더를 더욱 책잡게 되지요. 더욱이 마음으로 존경하지 않을겁니다. 순임금이 하셨던 바를 잘 따르면, 어떤 새로운 곳에 가서도 지휘를 잘 할 수 있습니다.

君 子 依 乎 中 庸 _{하여}

임금 아들 의지할 조사 가운데 쓸
군 자 의 호 중 용
ㄴ 군자가   ㄴ 의지하여   ㄴ 중용에

遯 世 不 見 知 而 不 悔 _{하나니}

달아날 세상 아닐 볼 알 접속사 아닐 후회할
둔, 돈 세 불 견 지 이 불 회
ㄴ 세상을 피해 살며   ㄴ (사람들이) 알아주지 않아도   ㄴ 후회하지 않으니

唯 聖 者 能 之 _{니라}

오직 성스러 사람 능할 조사
유 울성 자 능 지
ㄴ 오직 성인(성인의 말씀)이   ㄴ 그것을 할 수 있다.

군자가 중용에 의지하여
세상에 숨어 지내며 사람들이 알아주지 않아도 후회가 없으니
오직 성인의 말씀으로만 그렇게 할 수 있다.

나의 능력과 업적에 대해, 다른 사람들이 나를 잘 알아주지 않나요? 그런 느낌 많이 들지요. 오히려 솔직하게 말하면 그런 생각 안 해본 사람은 거의 없을 겁니다.

도(道)와 진리(眞理)가 행해지지 않는 세상에서,
군자는 힘을 쓰지 못합니다. 군자가 될 자질을 충분히 가지고 난 사람이 있다고 하더라도, 그 사람이 쓰임받을 때가 되기 전에는 빛을 발하지 못합니다.

내 생각엔 답답할 수 있습니다. 나는 더 많은 능력을 발휘할 수 있는데, 여러 상황이 그것을 막습니다. 어떻게 해야 할까요?
확실한 것은 억지로 그것을 만들 수 없다는 것입니다. 무리수를 두어서 그것을 만들어가는 것보다 상황에 순응하면서 최선을 다하는 자세가 필요합니다.

'다른 사람들이 지금 나를 몰라주어도 괜찮다. 때가 오기를 기다리며, 지금은 오로지 기본에 충실하며 나의 능력을 쌓고, 수양할 따름이지!'
이런 마음이지요. 그래서 묵묵히 공부하며 소임을 다하는 겁니다.

저는 '언젠가 사람들이 당신을 평가해줄거야' 하는 희망 고문도 하고 싶지 않습니다. 왜냐하면, 내가 언제, 어디서 쓰임을 받느냐, 그것은 '나의 사명(使命)이 무엇인가?' 자기가 찾는, 자기에게 달린 문제니까요. 그것을 제대로 찾는 사람은 좋은 평가를 받겠지요.

사람들이 나를 잘 몰라준다고 생각하기보다, 자기 사명을 찾기 위해 성인의 말씀을 열심히 공부해야 합니다. 그것으로 만족하는 리더라면 좋겠습니다.

君子는 素其位而行이오
임금 아들 / 바탕 그 자리 접속사 행할
군 자 / 소 기 위 이 행
ㄴ 군자는 / ㄴ 바탕을 두고 / ㄴ 그 위에 / ㄴ 행동한다

不願乎其外니라 素富貴하여는
아닐 원할 조사 그 바깥 / 바탕 넉넉할 귀할
불 원 호 기 외 / 소 부 귀
ㄴ 원하지 않는다 ㄴ 그 외의 것은 / ㄴ 부귀에 바탕을 둘 때는

行乎富貴하며 素貧賤하여는
행할 조사 넉넉할 귀할 / 바탕 가난할 천할
행 호 부 귀 / 소 빈 천
ㄴ 부귀를 행하고(그에 맞게 처신하고) / ㄴ 빈천에 바탕을 둘 때는

行乎貧賤하니 故로 君子는
행할 조사 가난할 천할 / 옛 임금 아들
행 호 빈 천 / 고 군 자
ㄴ 빈천을 행하니(빈천에 맞게 처신하니) / ㄴ 그런고로 / ㄴ 군자는

居易以俟命하고 小人은
거할 쉬울 써 기다릴 목숨 / 작을 사람
거 이 이 사 명 / 소 인
ㄴ 쉽게(평안하게) 거하며 ㄴ 명을 기다리고 / ㄴ 소인은

行險以徼幸이니라
행할 험할 써 구할 다행
행 험 이 요 행
ㄴ 험하게 살며 ㄴ 요행을 바란다.

군자는 그 위에 맞게 행동하고 처신하며, 그 외의 것을 바라지 않는다. 부귀할 때에는 그것에 맞게 하고, 빈천할 때에도 그것에 맞게 한다. 그런고로 군자는 평안히 거하며 사명을 기다리고 소인은 험하게 살면서 요행을 바란다.

아무리 구해도 구해지지 않는 것은, 나에게 없는 것을 구하기 때문입니다. 거기에 투자하는 노력과 가치만 낭비할 따름이지요.

군자는 그러지 않는다고 합니다. 그 위(位)에 맞게 처신한다고 하네요. 부귀할 때는 부귀한 것에 맞춰 처신합니다. 너무 아껴서 흉하게 하지 않지요. 당연히 빈천할 때는 빈천한 것에 맞춰 처신합니다. 온갖 불편하지 않은 것이 있겠습니까마는, 내색하지 않는 것이 군자의 모습입니다.

소인은 어떤 모습일까요? 자기 수입은 적지만, 부자처럼 보이고 싶어서 명품을 사고 잔뜩 치장하는 데 많은 돈을 사용하는 것은 소인의 모습에 가깝습니다. 물론 요즘 시대에는 그것 또한 하나의 소비 패턴으로 인정받지만요. 자기가 매월 100만 원을 받는 사람이면, 그것을 인정하고 그에 맞춰 살아야 합니다. 지나친 겉치장이 자기를 부귀하게 만들어주지 않거든요.

군자가 평안하게, 쉽게 거하는 것은 중화(中和) 때문입니다. 희노애락을 적절히 발현하며 절도에 맞게 생활하니까요. 소인은 자기가 원하는 대로 거리낌 없이, 험하게 살다가 요행만 바라지요.

우리는 군자 같은 리더가 필요합니다. 그런 리더라면 무리한 부대 운용을 하지 않겠지요. 반면에 소인 같은 리더는 부하들의 여건이 되는지도 따져보지 않고 막무가내로 무리한 것을 요구하겠지요.

자질이 부족한 소인이 리더로 있으면 참 안타까운 겁니다.

其 人 存 則 其 政 擧 하고

그	사람	있을	곧	그	다스릴	들
기	인	존	즉	기	정	거

ㄴ 그 사람이   ㄴ 있으면   ㄴ 그 정사가   ㄴ 일어나고

其 人 亡 則 其 政 息 이니라

그	사람	없을	곧	그	다스릴	쉴
기	인	망	즉	기	정	식

ㄴ 그 사람이   ㄴ 가면   ㄴ 그 정사가   ㄴ 쉰다(행해지지 않는다)

人 道 敏 政 하고   地 道 敏 樹 하니

사람	길	민감할	다스릴		땅	길	민감할	나무
인	도	민	정		지	도	민	수

ㄴ 사람의 도는   ㄴ 정치에 민감하고   ㄴ 땅의 도는   ㄴ 나무에 민감하니

夫 政 也 者 는   蒲 盧 也 니라

무릇	다스릴	조사	사람		물가	갈대	조사
부	정	야	자		포	로	야

ㄴ 무릇 다스린다는 것은   ㄴ 갈대라 할 수 있다.

그 사람이 있을 때는 그 정사가 행해지는데
그 사람이 가고 나면 그 정사가 행해지지 않는다.
사람들은 정사에 민감하고, 땅은 나무에 민감하니
다스림은 갈대가 민감한 것과 같다.

분위기가 좋고 살기 좋았던 조직과 부대가 있었습니다.
리더가 바뀌고 새로운 리더가 왔어요. 갑자기 힘들어지고 암울해지는 경험이 혹시 있지 않았나요?

꽃이나 식물이 원래의 색깔이 아닌, 인위적인 색깔을 띠고 있는 것이 있었습니다. 물을 주거나 화병에 둘 때, 그 물에 색소를 타서 그렇게 한다고 하더군요. 생각보다 금방 색깔이 변하더라고요.

아무리 살기 좋았던 부대라도, 좋지 않은 리더가 와서 학정을 하면 무너지는 것은 순식간입니다. 반면에 살기 좋지 않았던 조직과 부대가 다시 그 기운을 회복하는 것은 더 오래 걸리지요.

새로운 조직에 리더로 갔을때, 정말 크게 잘못하고 있는 것이 아니라면 부임 후에 즉시 바꾸는 것은 바람직하지 않습니다. 어느 정도 시간을 두고, 공감대 형성을 하면서 최소한 2~4주 이후에 변화를 주는 것이 좋지요. 그것도 너무 갑작스럽지 않게요.

정말 잘살고 있는 부대에 갔다면, 새로 부임한 리더가 아무것도 바꾸지 않아도 됩니다. 쓸데없이 자기 입맛대로 이것저것 의미도 없는 변화를 주는 것은 차라리 안 하는 것이 낫습니다. 무엇인가를 해야 하는 것 같나요? 당신이 하는 일의 가치를 생각해야지요. 가치도 없는 것을 힘들게 왜 시킵니까? 그렇게 해서 가치 없는 일에 열심히 일하는 것같이 보이면, 그것 보면서 '열심히 일하고 있구나!'하고 흐뭇하게 생각할 건가요? 군심(軍心)은 썩어들어가는 것을 모르면서 말이지요.

리더의 다스림의 효과는 금방 자라는 갈대처럼 빨리 나타납니다.
당신이 하는 일, 그것의 가치를 생각하세요.

好 學 은　近 乎 智 하고　力 行 은
좋을 배울　가까울 조사 지혜　힘 행할
호　학　근　호　지　역　행
ㄴ 배움을 좋아하는 것은　ㄴ 가깝다 ㄴ 지혜에　ㄴ 힘써 행하는 것은

近 乎 仁 하고　知 恥 는　近 乎 勇 이니라
가까울 조사 어질　알 부끄러　가까울 조사 용감할
근　호　인　지 울치　근　호　용
ㄴ 가깝다 ㄴ 인에　ㄴ 부끄러움을 아는 것은　ㄴ 가깝다 ㄴ 용기에

知 斯 三 者 則 知 所 以 修 身 이요
알 이 석 사람 곧 알 바 써 닦을 몸
지 사 삼 자 즉 지 소 이 수 신
ㄴ 아는 것은 ㄴ 이 세 가지를　ㄴ 곧 아는 것이다　ㄴ 몸을 닦는 것을

知 所 以 修 身 則 知 所 以 治 人 이요
알 바 써 닦을 몸 곧 알 바 써 다스릴 사람
지 소 이 수 신 즉 지 소 이 치 인
ㄴ 아는 것은　ㄴ 몸을 닦는 것을　ㄴ 곧 아는 것이다　ㄴ 사람 다스리는 법을

知 所 以 治 人 則 知 所 以
알 바 써 다스릴 사람 곧 알 바 써
지 소 이 치 인 즉 지 소 이
ㄴ 아는 것은　ㄴ 사람 다스리는 법을　ㄴ 곧 아는 것이다.

治 天 下 國 家 矣 리라
다스릴 하늘 아래 나라 집 조사
치 천 하 국 가 의
ㄴ 다스리는 방법을 ㄴ 천하 국가를

배움을 좋아하는 것은 지혜에 가깝고, 힘써 행하는 것은 인
에 가깝다. 부끄러움을 아는 것은 용기에 가깝다.
이 세 가지를 알면 수신의 방법을 아는 것이고, 그것은 곧 사
람을 다스리는 법을 아는 것이고, 그것은 곧 천하 국가를 다
스리는 법을 아는 것이다.

지인용(智仁勇)에 대해서 언급하고 있습니다.

배움을 좋아한다는 것은 자기가 해야 할 바를 정확히 아는 것입니다. 배운다는 의미의 '학(學)'은 영어 단어나 수학 공식 외우는 것이 아니고요, 신의 섭리와 인간의 존재 구조, 세상의 질서를 깨닫기 위해 노력한다는 뜻이지요. 그러니 지혜에 가깝지요. 리더가 배움을 좋아해야 합니다. 그래야 부하를 존중하면서 조직을 바르게 운용하고 조직의 역량을 극대화하지요.

힘써 행하는 것은 인(仁)의 마음을 바탕으로 발현되는 것입니다. 누구나 측은지심(惻隱之心)이 있습니다. 어려움에 빠지고, 안타까운 상황을 보면 그것을 조치하게 되지요. 리더는 부하들의 안타까움이나 어려움을 외면해서는 안 됩니다.

부끄러움을 아는 것은 용기에 가깝습니다. 자기의 부끄러움을 마주하기가 쉽지 않지요. 그러나 하늘이 사람에게 수오지심(羞惡之心)을 주셔서, 부끄러움을 알아요. 그런데 용기가 있어야 그것을 마주하고 자기 행동을 개선해 나아가는 겁니다.

이 세 가지를 모르는 리더는 인간 존재에 대해 알지 못하고, 부하들을 존중하지 않습니다. 그리고 부하들의 어려움과 고통을 알아주지 않습니다. 또한 자기가 잘못하면서도 부끄러움을 외면하고 그것을 개선하려 하지 않습니다. 이런 사람이 미치는 영향은 심각하지요.

반면에 이 세 가지를 아는 리더는 수신과, 치인, 천하 국가를 다스리는 방법을 알고 있는 것입니다.

凡 事 는 豫 則 立 하고 不 豫 則 廢 하니

무릇 일 미리 곧 설 아닐 미리 곧 폐할
범 사 예 즉 립 불 예 즉 폐

ㄴ, 무릇 (모든) 일은   ㄴ, 미리하면   ㄴ, 성립하고   ㄴ, 미리하지 않으면   ㄴ, 폐해진다(틀어진다)

言 前 定 則 不 跲 하고   事 前 定

말씀 앞 정할 곧 아닐 넘어질   일 앞 정할
언 전 정 즉 불 겁   사 전 정

ㄴ, 말을 미리 정해놓으면   ㄴ, 실수함이 없고   ㄴ, 일을 미리 정하면

則 不 困 하고 行 前 定 則 不 疚 하고

곧 아닐 괴로울 행할 앞 정할 곧 아닐 오랜병
즉 불 곤 행 전 정 즉 불 구

ㄴ, 괴롭지 않고   ㄴ, 행동을 미리 정해놓으면   ㄴ, 오랜 병폐가 없고

道 前 定 則 不 窮 이니라

길 앞 정할 곧 아닐 막힐
도 전 정 즉 불 궁

ㄴ, 도를 미리 정해놓으면   ㄴ, 막힘이 없다

모든 일은 미리 하면 잘 이루어진다. 미리 하지 않으면 잘 이루어
지지 않는다. 말을 미리 정하면 실수하는 것이 없고, 일을 미리
정하면 괴로운 상황이 없다. 행동을 미리 정하면 오랜 병폐가 없
고 도(道)를 미리 정하면 막힘이 없다.

군 리더가 부대 지휘를 할 때, 즉흥적으로 하는 경우가 있습니다. 그러나 그것이 불필요하게 많아지면 좋지 않지요. 특히나 자기 혼자만 관련되는 것이 아니라, 부하들과 같이 연계되는 사안일 경우 참으로 조심할 상황이 됩니다. 이 말 저 말 주워 담느라 부하들이 고생이지요.

리더의 말, 행동, 부대 지휘의 결정사항, 부대의 지휘 철학, 이런 여러 가지를 미리 하지 못하는 리더는 좋은 리더가 아닙니다. 왜 그런지는 많은 설명을 하지 않아도 잘 알 겁니다.

말을 미리 정한다는 것은 다른 사람이 준비해 주는 것을 의미하는 것만은 아닙니다. 자기가 어떤 말을 할 것인지 마음속으로 미리 준비하는 것이지요. 리더는 자기가 할 말을 조리 있게 잘 표현할 수 있어야 합니다. 자기 생각을 잘 표현하지 못하는 리더는 지휘에 어려움을 겪습니다. 미리 준비하고 고민해야 합니다.

부대운용과 부대에서 취하는 조치도 다 마찬가지입니다. 상황에 임박해서 취하는 조치나 지시는 적시성과 효과성을 상실하는 경우가 많습니다. 오히려 혼란만 가중되지요. 충분한 준비 시간을 가질 수 있게 미리 지시해야 합니다.

가장 중요한 것은 리더의 지휘철학입니다. 도(道)라고 나와 있지요. 지휘관이라면 지휘관 되기 전에 지휘철학이 정립되어 있어야 합니다. 그렇지 못하면 궁(窮)하게 됩니다. 막힌다는 거지요. 막힌다는 것은 죽는다는 것을 의미합니다. 죽지 않으려면 각고의 노력으로 변(變)하고 통(通)해서 구(久), 지속해야지요.

자기 지휘철학을 미리 정립해놓지 않고 부임해서 되는 대로 부대를 지휘하는 리더는 많은 어려움에 직면하게 될 겁니다.

誠 者 는 天 之 道 也 요 誠 之 者 는
정성 사람　　하늘 조사 길 조사　　정성 조사 사람
성　자　　천　지　도　야　　성　지　자
ㄴ, 성은　　　　ㄴ, 하늘의 도리이고　　ㄴ, 성을 위해 노력하는 것은

人 之 道 也 니 誠 者 는 不 勉
사람 조사 길 조사　　정성 사람　　아닐 힘쓸
인　지　도　야　　성　자　　불　면
ㄴ, 사람의　　ㄴ, 도리이다.　ㄴ, 성은　　ㄴ, 힘쓰지 않아도

而 中 하며 不 思 而 得 하여 從 容
접속사 가운데　　아닐 생각 접속사 얻을　　좇을 얼굴
이　중　　불　사　이　득　　종　용
ㄴ, 중(中)을 충족하고　ㄴ, 생각하지 않아도 ㄴ, 얻어지며　ㄴ, 그 모습을 좇아

中 道 하나니 聖 人 也 요 誠 之 者 는
가운데 길　　성스러 사람 조사　　정성 조사 사람
중　도　　울성 인　야　　성　지　자
ㄴ, 중도에 맞으니　ㄴ, 성인이다　　ㄴ, 성을 위해 노력하는 것은

擇 善 而 固 執 之 者 也 니라
고를 착할 접속사 굳을 잡을 조사 사람 조사
택　선　이　고　집　지　자　야
ㄴ, 선을 택하여　ㄴ, 그것을 굳게 잡는 것이다.

성은 하늘의 도리이고, 성을 위해 노력하는 것은 사람의 도리이다. (하늘이 주신) 성은 힘쓰지 않아도 중(中)을 유지하고 생각하지 않아도 얻어지며, 그 모습을 좇아 중도에 맞으니, 성인의 말씀이다. 성을 위해 노력하는 것은 (사람의 도리이니) 선을 택하여 굳게 잡고 유지하는 것이다.

성(誠)은 말씀(言, 언)을 이루는 것(成, 성)이라고 했습니다. 하늘의 말씀은 하늘의 뜻이고요, 하늘이 인간에게 주신 것은 인간 본래성이라고 했지요. 한 글자로 표현하면 인(仁), 우리 말로 '사랑'이라고 했습니다.

성(誠)은 하늘이 주시는 것입니다. 성인의 말씀을 통해서 그것을 알려주었지요. 지금 계속 공부하고 있는 사서가 바로 그런 것입니다. 하늘이 주신 성(誠) 그 자체는 굳이 노력하지 않아도 중(中)을 유지할 수 있습니다. 자연스럽고 저절로 되는 것이지요.

인간의 도리는 성(誠)을 위해 노력하는 것입니다. 하늘은 인간에게 그것을 주셨지만, 인간이 태어나면서는 불완전한 모습으로 태어나기 때문에 노력을 통해 그 모습을 찾고 회복해야 합니다.

하늘의 뜻. 인간이 그 모습을 받게 된 것은 하늘이 의도한 바가 있었다는 것입니다. 신의 섭리라는 것이지요. 하늘이 그것을 직접 이야기하지 못하니까 성인의 글을 통해 기록한 것입니다. 그래서 오늘날 우리가 이렇게 글공부를 할 수 있는 거지요.

인간본래성을 외면하고 자기 멋대로 사는 것은 하늘의 뜻을 어기는 것입니다. 인간본래성을 외면하는 리더도 마찬가지지요.

선을 택해서 노력하는 리더는 하늘의 뜻을 받드는 것이고, 민심은 천심이니 그것은 곧 백성, 부하의 뜻을 받드는 리더입니다. 군 리더에게 가장 필요한 덕목은 하늘의 뜻을 본받아 군심을 결집할 수 있는 능력입니다.

唯 天 下 至 誠 _{이아}　　爲 能 盡

오직 하늘 아래 지극할 정성　　할 능할 다할
유 천 하 지 성　　위 능 진
ㄴ 오직 하늘의 ㄴ 지극한 성이어야　　ㄴ 능히 다할 수 있다

其 性 _{이니}　能 盡 其 性 _{이면}　則 能 盡

그 성품　능할 다할 그 성품　곧 능할 다할
기 성　능 진 기 성　즉 능 진
ㄴ 그 본래성을　ㄴ 능히 다하면 ㄴ 그 본래성을　ㄴ 곧 다할 수 있다

人 之 性 _{이요}　能 盡 人 之 性 則 能

사람 조사 성품　능할 다할 사람 조사 성품 곧 능할
인 지 성　능 진 인 지 성 즉 능
ㄴ 사람의 본래성을　ㄴ 능히 다하면 ㄴ 사람의 본래성을　ㄴ 능히

盡 物 之 性 _{이요}　能 盡 物 之 性 _{이면}

다할 만물 조사 성품　능할 다할 만물 조사 성품
진 물 지 성　능 진 물 지 성
ㄴ 다할 수 있다 ㄴ 만물의 본래성을　ㄴ 능히 다하면 ㄴ 만물의 본래성을

則 可 以 贊 天 地 之 化 育 _{이요}

곧 옳을 써 도울 하늘 땅 조사 될 기를
즉 가 이 찬 천 지 지 화 육
ㄴ 곧 가히 그로써　ㄴ 도울 수 있다 ㄴ 천지가 생육하는 것을

可 以 贊 天 地 之 化 育 _{이면}

옳을 써 도울 하늘 땅 조사 될 기를
가 이 찬 천 지 지 화 육
ㄴ 가히 그로써 도우면　ㄴ 천지가 생육하는 것을

則 可 以 與 天 地 參 矣 _{니라}

곧 옳을 써 더불 하늘 땅 참가할 조사
즉 가 이 여 천 지 참 의
ㄴ 곧 가히 그로써　ㄴ 천지와 더불어 참가할 수 있다. (함께 할 수 있다)

오직 하늘의 지극한 성(誠)이어야 그 성(性, 본래성)을 다할 수 있다. 그리고 인간 본래성을 다할 수 있고, 만물의 본래성을 다할 수 있다. 만물의 본래성을 다하면 천지가 생육되는 것을 도울 수 있고, 그렇게 되면 천지와 더불어 함께 할 수 있다.

하늘의 뜻을 이루는 성(誠)이어야 본래성(性)이 완전해집니다. 하늘이 주신 본래 모습을 회복하는 것이지요. 그래야 인간도, 만물도 제대로 된 모습을 찾는 겁니다. 질서가 잘 유지되지요. 평안하고요.

세상의 모든 것은 각자의 위(位)를 가지고 있고, 각각의 모습을 가지고 있습니다. 그것을 모르고 아무렇게나 살면서 질서를 어지럽히면 사람도, 만물도 그 위(位)와 모습을 잃어버리지요. 그렇게 살기 때문에 패륜(悖倫)이 생기는 겁니다. 부모가 자식을 돌보지 않고 죽게 하거나 자식이 부모를 죽이는 거지요. 각자의 도리에 어긋난 일을 저지르는 것이 패륜입니다.

그렇게 질서가 잘 유지되고 평안해서 안정된 후에야,
천지 안에 모든 것이 생육하는 겁니다. 그리고 천지와 함께 할 수 있지요. 헝클어진 모습, 인간본래성을 회복하지 못하고서는 천지와 함께 할 수 없습니다.

부대도 마찬가지입니다. 부대 안에서 모든 것이 각각의 위(位)와 각각 모습을 잘 찾고 질서가 유지되어서 평안해야, 부대의 역량이 잘 발휘될 수 있습니다. 또한 그 안에서 부대 안의 구성원들이 다 생육, 성장할 수 있지요.

그러한 부대 안에 사는 구성원들은 의미 있는 군 생활을 합니다. 성장하니까요. 그렇지 못한 부대 안에 사는 구성원들은 의미 없는 군 생활을 하지요. 패륜이 가득하니까요.

하늘의 뜻을 알기 위해 노력하고, 그것을 잘 받드는 것이 중요합니다.

君 子 之 道 는   闇 然 而 日 章 하고
임금 아들 조사 길   어두울 그러할 접속사 날 글
군 자 지 도   암   연   이   일 장
ㄴ 군자의 도는   ㄴ 어두워도   ㄴ 날로 완전해지고

小 人 之 道 는   的 然 而 日 亡 하나니
작을 사람 조사 길   과녁 그러할 접속사 날 망할
소 인 지 도   적   연   이   일 망
ㄴ 소인지도는   ㄴ 과녁과 같아도   ㄴ 날로 망해간다

君 子 之 道 는   淡 而 不 厭 하며
임금 아들 조사 길   묽을 접속사 아닐 싫을
군 자 지 도   담   이   불 염
ㄴ 군자의 도는   ㄴ 담백하여   ㄴ 싫지 않고

簡 而 文 하며   溫 而 理 니   知 遠
간략할 접속사 무늬   온화할 접속사 다스릴   알 멀
간   이   문   온   이   리   지 원
ㄴ 간략하지만 문채가 좋고 ㄴ 온화하고 이치에 맞는다 ㄴ 알고 ㄴ 멀리 있는 것이

之 近 하며   知 風 之 自 하며   知 微
조사 가까울   알 바람 조사 로부터   알 작을
지   근   지 풍 지 자   지 미
ㄴ 가까운 것임을 ㄴ 알고 ㄴ 바람이 어디에서 오는지 ㄴ 알고 ㄴ 작은 것이

之 顯 이면   可 與 入 德 矣 리라
조사 나타날   옳을 더불 들 덕 조사
지   현   가   여 입 덕 의
ㄴ 나타나는 것을 ㄴ 가히 더불어 덕에 들어설 수 있다.

군자의 도는 어두운 것 같아도 날로 체계를 갖추며, 소인의
도는 과녁과 같이 명확해도 날로 망한다. 군자의 도는 담백
하여 싫지 않고, 간략하지만 문채가 좋고, 온화하지만 이치
에 맞는다. 그러니 먼 것이 가까운 것에서 비롯됨을 알고, 바
람이 어디서 시작되는지를 알고, 기미(작은 단초)가 실상으로
나타나는 것을 알면 가히 더불어 덕에 들어설 수 있다.

군자지도는 생색내거나 요란떨지 않습니다. 그래도 날로 체계를 갖추어 완전해지지요. 소인지도는 명확한 것 같아도 그 방향이 잘못되었기 때문에 날로 망해갑니다.

군자지도는 담백하고 맛있는 음식에 비유할 수도 있고, 치장을 많이 하지 않아도 모양새가 좋은 옷차림에 비유할 수도 있습니다. 화려하게 이야기를 하지 않아도 이치에 맞는 말을 하지요.

그리고 군자는 신의 섭리와 세상의 질서를 깨달아서 사물을 궁구(窮究, 깊이 연구함)하고 그 현상을 이해할 수 있어야 합니다. 그래서 가까운 것을 보면서 멀리 있을 것을 알고, 멀리 있는 것이 왜 나타났는지 가까운 것에서 알아낼 수 있습니다. 바람이 불면 왜 부는지, 이 작은 일이 나중에 어떤 일을 초래할 것인지 알지요.

군자 같은 리더는 부대의 기미(幾微), 조그만 현상을 보고도 이것이 나중에 어떤 일을 초래할지 알 수 있습니다. 사소한 것이라도 남을 괴롭히는 것을 거리낌 없이 하는 분위기라면, 종래에는 '윤일병 사건'과 같은 사례가 초래된다는 것이지요. 병영에서 어떤 분위기가 조성된다면 그것이 왜 생기는 것인지 알고 대처할 수 있어야 합니다.

그렇게 해서 정말 덕(德)을 베푸는 경지에 가게 되면, 하늘의 뜻에 부합하고, 부대 안의 모든 것은 질서 있고 평안하게 운영되고 생육하면서, 전투력을 극대화하는 부대가 될겁니다. 그렇게 되기를 성심(誠心)을 다해 바랍니다.

子張이 問於孔子曰 何如라야 斯可以從政矣니잇고
자장이 문어공자왈 하여라야 사가이종정의니잇고

子曰 尊五美하며 屛四惡이면 斯可以從政矣리라
자왈 존오미하며 병사악이면 사가이 종정의리라

子張曰 何爲五美니잇고 子曰 君子 惠而不費하며
자장왈 하위오미니잇고 자왈 군자 혜이불비하며

勞而不怨하며 欲而不貪하며 泰而不驕하며 威而不猛이니라
노이불원하며 욕이불탐하며 태이불교하며 위이불맹이니라

子張曰 何謂惠而不費니잇고
자장왈 하위혜이불비니잇고

子曰 因民之所利而利之니 斯不亦惠而不費乎아
자왈 인민지소이이이지니 사불역혜이불비호아

擇可勞而勞之어니 又誰怨이리오 欲仁而得仁이어니 又焉貪이리오
택가로이로지어니 우수원이리오 욕인이득인이어니 우언탐이리오

君子는 無衆寡하며 無小大히 無敢慢하나니
군자는 무중과하며 부소대히 무감만하나니

斯不亦泰而不驕乎아 君子는 正其衣冠하며 尊其瞻視하여
사불역태이불교호아 군자는 정기의관하며 존기첨시하여

儼然人望而畏之하나니 斯不亦威而不猛乎아
엄연인망이외지하나니 사불역위이불맹호아

子張曰 何謂四惡이닛고 子曰 不敎而殺을 爲之虐이요
자장왈 하위사악이닛고 자왈 불교이살을 위지학이요

不戒視成을 爲之暴이요 慢令致期를 爲之賊이요
불계시성을 위지폭이요 만령치기를 위지적이요

猶之與人也로되 出納之吝을 爲之有司니라
유지여인야로되 출납지린을 위지유사니라

子曰 不知命이면 無以爲君子也요
자왈 부지명이면 무이위군자야요

不知禮면 無以立也요 不知言이면 無以知人也니라
부지예면 무이립야요, 부지언이면 무이지인야니라

자장이 공자에게 물었다. 어떻게 하여야 그 정사를 따르게 할 수 있습니까? 공자가 말씀하시길, 다섯 가지 미(美)를 높이고 네 가지 악(惡)을 막으면 그 정사를 따르게 할 것이다.

자장이 말했다. 어떻게 다섯 가지 미(美)를 합니까? 공자 말씀이, 군자가 혜이불비하며, 노이불원하며, 욕이불탐하고, 태이불교하며, 위이불맹한 것이다.

자장이 물었다. 어떻게 혜이불비를 합니까? 공자 말씀이, 백성의 이로움으로 인하여 그것을 이롭게 여기면 그것이 혜이불비 아니겠나? 수고할 만한 가치가 있는 것을 택하여 수고롭게 하면 누가 원망하겠나? 인(仁)하고자 하여 그 인을 얻으면 어찌 탐내는 것이겠느냐? 군자는 크고 작은 것 상관없이 감히 오만하지 않으니, 그것이 태이불교 아니겠나? 군자는 의관을 바르게 하고, 그 외양을 중시하여 사람들이 우러러보며 경외하니, 그것이 위이불맹이지.

자장이 물었다. 어떤 것이 사악입니까? 공자 말씀이, 가르치지도 않고 죽이는 것이 학(虐)이요, 지침도 주지 않고 이루라고 하는 것이 폭(暴)이요, 기일에 다 차서 영(令)을 내리는 것이 적(賊)이요, 사람들에게 주기는 하지만 각박하게 하는 것이 유사(有司)이다.

하늘이 주신 사명(命)을 알지 못하면 군자가 될 수 없고, 인간 본래성에서 나온 예(禮)를 알지 못하면 제대로 설 수 없고, 옛 성인의 말씀(言)을 알지 못하면 사람을 알 수 없느니라.

사람이 살아가는 데 있어서 혼자만의 지식과 역량으로 무언가를 해내기에 어려울 때가 많습니다

권선복
(도서출판 행복에너지 대표이사)

　요즘 세상은 자본주의에 기반한 물질만능주의가 팽배하여 많은 사람들이 물질적 부의 추구, 입신양명 등을 목표로 허겁지겁 달려가는 것 같습니다. 순수했던 어린 시절부터 주위 어른들이나 사회의 분위기는 그것을 인생의 제1차 목표인 것처럼 가르치고 우리는 그게 당연한 것인 줄 알고 흐름을 따라갑니다. 제대로 사람 구실을 하려면 좋은 대학, 좋은 직장에 들어가 남들의 부러움을 받으며 많은 돈을 벌거나 높은 지위에 올라 풍족하고 명예로운 삶을 사는 것이 최고의 지복인 양 여겨지고 있습니다.

　사람으로서의 근본적인 인의예지와 덕을 잊은 채라면, 아무리 발버둥쳐 이런 것들을 잡으려 해도 본질을 놓치고 후회스러운 인생이나 잘못으로 뒤덮인 말년을 보내게 될지도 모릅니다. 눈가리개를 하고 이리저리 돌아다니니 무언가 허무하고, 만족스럽지 못한 인생을 살게 됩니다.

　때문에 우리에게 그런 실수를 저지르지 않도록 도와주는

옛 성인들의 고전은 중요한 가치를 지닙니다.

본서 역시 그러한 소망을 두고 쓰였습니다. 채일주 저자는 특히 '군 생활'을 하는 '군인'들에게 귀감이 될 만한 논어, 맹자, 대학, 중용의 글귀를 따오셨습니다. 군 내에서 보다 지혜롭고 어질게 처신하며 본질을 알아보는 눈을 가지고 옳고 바르게 의무를 다할 수 있도록 주옥같은 글귀들을 소개하며 힘을 보탭니다.

강요하지 않고 조근조근, 잘 이해할 수 있도록 그러나 명료하게 말하는 어조에서 따뜻함과 친절함이 느껴지니 어느새 페이지를 끝까지 다 넘기게 되었습니다.

군대는 상명하복이 중시됨과 동시에 한 나라를 지키는 의무를 가진 곳이기에 더욱 확고한 도(道)가 필요한 곳입니다. 그런 의미에서 옛 성인들의 말씀을 통해 자신을 돌아보고, 올바른 마음가짐으로 군 생활을 할 수 있다면 우리 군은 더욱 기강이 잡히고 정의로우며 올곧은 사회가 만들어지는 데 일조할 수 있을 것입니다.

우리 모두의 몸과 마음을 깨끗하고 강하게 단련시키기를 빌며, 독자 여러분께 행복 에너지가 팡팡팡 전파되기를 기원하며 본서를 기쁜 마음으로 출간합니다.

부디 모든 이가 본래자성을 깨달아 아름답고 힘찬 사회를 만들어 가는 행복한 삶을 살게 되길 바라겠습니다.

감사합니다. 모두 축복받으십시오!

'행복에너지'의 해피 대한민국 프로젝트!

〈모교 책 보내기 운동〉 〈군부대 책 보내기 운동〉

한 권의 책은 한 사람의 인생을 바꾸는 힘을 가지고 있습니다. 한 사람의 인생이 바뀌면 한 나라의 국운이 바뀝니다. 그럼에도 불구하고 많은 학교의 도서관이 가난하며 나라를 지키는 군인들은 사회와 단절되어 자기계발을 하기 어렵습니다. 저희 행복에너지에서는 베스트셀러와 각종 기관에서 우수도서로 선정된 도서를 중심으로 〈모교 책 보내기 운동〉과 〈군부대 책 보내기 운동〉을 펼치고 있습니다. 책을 제공해 주시면 수요기관에서 감사장과 함께 기부금 영수증을 받을 수 있어 좋은 일에 따르는 적절한 세액 공제의 혜택도 뒤따르게 됩니다. 대한민국의 미래, 젊은이들에게 좋은 책을 보내주십시오. 독자 여러분의 자랑스러운 모교와 군부대에 보내진 한 권의 책은 더 크게 성장할 대한민국의 발판이 될 것입니다.